JN121082

フリースクール白書2022

想像ではなく「数字」で見る

特定非営利活動法人
フリースクール全国ネットワーク

はじめに

2003年日本で初めてのフリースクール白書がまとめられました。学校外の学びの現状がどうなっているのか？ 運営者、スタッフの視点からだけではなく、子どもやスタッフへの調査を行い、その結果をデータとしてまとめたものでした。あれから20年あまり、日本のフリースクールは、登校拒否・不登校と共にその数が広がってきました。

この20年、私たちはフリースクールが日本の教育制度の中に位置づくように運動を重ねてきました。2016年に成立した『教育機会確保法（義務教育の段階における普通教育に相当する教育の機会の確保等に関する法律）』により、学校と同じように認められることはないにしても、法律の附則の中に「フリースクールへの財政的な措置を講ずる」と書かれたことは、大きな前進でした。

あれから7年あまり。実際には国からのフリースクールへの支援の動きはいまだにありません。多くのフリースクールは、受益者負担だけに頼らない経営への工夫を行ってきました。私たちは、スタッフ養成講座や運営者の育成を重ねてきましたが、経営資源を多角化し、広げることのできない団体は活動をやむなく休止しました。

2021年文科省調査によれば、高校生と合わせて30万人の不登校の子どもたちの34％はどこからも支援を受けていない。学びの機会を失っている状態にあります。「フリースクールを充実させる前に、学校を充実しなければならない」という声に、法律制定の目的が曖昧にされようとさえしています。

子どもたちは、等しく教育を受ける権利を有している国民です。学校が合わない子どもたちが、自分のチカラで学び、社会に参画してゆくことを国や地方行政が応援してゆくことは、子どもたちに希望をひらくことです。フリースクールへ行く子ども、学校に行く子どもに差をつけず、共に認めてゆくことが国への信頼をも深くしていきます。どの子も同じように成長し、社会に出てゆくわけではありません。学校外で学んだ子ども。学校で学んだ子ども。共に社会で仕事をする時に、違いを理解しながら一緒に歩むチカラを身につけていることが大事です。この20年で社会は、多様性を認められ、その生き方も本人が選べる社会になっています。教育を受けないことを問題とする自治体、草津市、つくば市、東京都などが国に先行して、フリースクールで学ぶ子どもの経済支援を、本人に行うようになりました。市民が、自治体と連携して国を動かしています。

この20年の成果は、学校に行かないで育った子どもたちが、大人になったことです。フリースクールの教育実践は、子どもたち同士が自ら育つ意志を共に一緒に育み合うことです。ただどんな学びを選択するのか？ 子どもに委ねられるべき問題を、大人たちが勝手に決めないことがとても大事です。いかに大人の意見を手放してゆくのか？ 経済的だけではない、社会が負うべきさまざまな責任を、いまだにフリースクール運営者、スタッフ、保護者が自己負担している社会でいいのか？

私たちは、この運動をさらに次のステップまでつなげてゆくには、いつまでも当事者だけの運動にとどまっていては、社会的な理解が広がらないという現実と向き合う必要があります。学校に通う子ども、保護者、教師の声もしっかりと学校外の学びをつくる中に反映し、共に単純に対立する関係にはないことを理解し合う必要があります。私たち大人はさらに次を目指して、違う意見の人とつながり、一緒に考え、行動し、理念を具体化させいきます。学校に行かないことで苦しむ本人や保護者がこれ以上に増えないように、私たちは努力を重ねてまいります。

※本調査及び報告書は株式会社セールスフォース・ジャパンの寄付を受けて作成されました。

特定非営利活動法人フリースクール全国ネットワーク
代表理事 江川和弥

目次

はじめに 2

Introduction 8
本書の読み進め方／前提となる情報整理

第1章　フリースクールの現状と調査の背景 13

(1)「フリースクール全国調査」の目的 14
・イメージではなく、具体的な「中身」を知ってもらう

(2) 2003年調査とは何だったのか 15
・行政や社会に対する説明資料に

(3) 2022年調査の目的は何か 16
・社会に価値を問い、客観的に検証する
・独自性の再認識と課題発見
・共通する課題を共有していく

(4) 調査結果の客観的評価 17
・評価、課題、20年前調査からの変化

(5) どんな見方、活用の仕方ができるのか 23
・「フリースクール関係者」のみなさまへ
・「学校関係者・教員」のみなさまへ
・「行政機関」のみなさまへ
・「保護者」のみなさまへ
・「子ども」のみなさまへ
・「企業(大人)」のみなさまへ

(6)フリースクールが抱える課題 27

・フリースクールの定義とは？
・操作的条件
・公共性
・教育機会の確保

(7)まとめ 32

第2章　フリースクール全国調査(ダイジェスト報告) 35

調査概要 36
(1)代表者調査 38
(2)スタッフ調査 49
(3)子ども調査 56
(4)保護者調査 70

第3章　委員の視点から見えるフリースクールのいま 85

(1)「不登校」理解の変容と現在 86

加瀬進(東京学芸大学社会科学講座教授・
こどもの学び困難支援センター長)

・はじめに～こどもに対する大人と社会の役割
・2003年調査の結果～外部評価委員による読み方・捉え方
・不登校施策－20年の軌跡
・おわりに～不登校理解から子どもの権利理解へ

(2) フリースクールの経営と現場で生まれている学び 95

江川和弥(寺子屋方丈舎 理事長／
フリースクール全国ネットワーク 代表理事)

- この20年のフリースクールを取り巻く状況の変化
- 2022年調査を受けて、あらためて「フリースクールとは何か」を考える
- フリースクールの現状
- フリースクールの経営と持続性
- フリースクールが創り出す多様性と運営のあり方

(3) フリースクール等の運営形態の変化 113

小林建太(学びリンク株式会社 編集部 編集長)

- はじめに～運営母体の多様化
- フリースクール数の変化
- サポート校を主な事業とする団体の増加
- 通信制高校の増加と「中等部」の出現
- フリースクール等による通信制高校との連携の背景
- サポート校・学校法人による中等部(フリースクール)開設の動き
- 高校の強みを活かした中等部の活動形態
- 従来型フリースクール等との違い
- オンライン型フリースクールの台頭
- 大学が運営・連携するフリースクール
- 公設民営フリースクール
- 全日制高校が運営するフリースクール
- まとめ

(4) 海外のフリースクールから見た
日本のフリースクール・2003年調査からの変化 ―――― 142
朝倉景樹(TDU・雫穿大学 代表)
・はじめに
・海外のフリースクールと日本のフリースクール
・調査に見る日本のフリースクールの特徴
・まとめ

(5)フリースクールにおけるICTの活用のこれから
～多様な学び保障のために～ ―――― 159
村山大樹(帝京平成大学 人文社会学部 児童学科 講師／
NPO法人eboard 理事)
・はじめに
・フリースクール等におけるICT活用の実態(本調査結果の概要)
・教育の情報化(GIGAスクール構想)が目指すもの
・ICT活用の取り組み事例の紹介
・おわりに

巻末資料(調査票・単純集計) ―――― 180
①代表者調査／②スタッフ調査／③子ども調査／④保護者調査

おわりに　フリースクール全国ネットワークからの提言 ―――― 248
・学校外で、学びの機会を増やすために
・都道府県ごとのフリースクールの連携を強化
・フリースクールが公教育へ参画
・フリースクールでは「支援」から「子どもと学びをデザインする」

Introduction

本書の読み進め方

本書で紹介する「フリースクール全国調査」は、日本のフリースクールの全体像と具体的な「中身」を映し出した調査となっています。「フリースクールとは何か」「どんな活動をしているのか」「どんな子どもが利用し、どんなスタッフが関わっているのか」「どんな特徴や課題があるのか」といった内容を細部まで見ることができます。特に、アンケート対象を「団体(代表者)」「スタッフ」「子ども」「保護者」に区分しており、それぞれ当事者のリアルなとらえ方を数値とともに表しています。

調査の目的は、「フリースクールの実態を明らかにすること」であり、その価値を社会に問いながら、フリースクールの認識を広げ、各団体の発展につなげていきたいと考えています。

上記のような目的から、本書は特定の関係者だけでなく、社会全体、「子どもに関わるすべての人たち」を読者層に据え、様々な立場や視点から考察していける内容としました。

そのうえで、本書を次のような構成でまとめています。

第1章　フリースクールの現状と調査の背景

- 本調査の目的と実施背景についてまとめています。
- フリースクールの実情や課題を整理しており、調査結果や本書をどのように読み取っていくかを知ることができます。
- 様々な立場の方に対して、調査結果がどのように活用できるかを知ることができます(フリースクール関係者、学校関係者、行政機関、保護者、子ども、企業など)。

第2章　フリースクール全国調査（ダイジェスト報告）

- 調査結果における特筆すべき項目を取り上げています。
- 調査結果から見える特徴を客観的に解説しています。

第3章　委員の視点から見えるフリースクールのいま

- 本調査の実行委員（フリースクール関係者、大学・研究者、マスコミ関係者）による視点から調査結果の特徴を解説しています。
- フリースクールの現状や長所、今後の課題について知ることができます。

巻末　調査票・単純集計

- すべてのアンケート内容と単純集計がまとめられています。

おわりに　フリースクール全国ネットワークからの提言

- フリースクールの全国組織「フリースクール全国ネットワーク」による考察がまとめられています。
- フリースクールが今後どのように発展していくべきかについて整理されています。

前提となる情報整理

以下では、フリースクールの基本的な情報を整理しています。本書を読み進めるうえで、参考にして頂ければと思います。

フリースクールとは

日本における「フリースクール」は、広義では「学校以外で学ぶ場、過ごす居場所」(あるいは「不登校の子どもが通う場」)として認識されています。運営する団体ごとに活動内容や運営方針が多様です。世界各国と日本では「フリースクール」の位置づけや意味合いが異なります。

学校とは

法律上の「学校」の定義は、学校教育法に定められた教育機関を指します。

学校教育法

第一条

この法律で、学校とは、幼稚園、小学校、中学校、義務教育学校、高等学校、中等教育学校、特別支援学校、大学及び高等専門学校とする。

第百二十四条

第一条に掲げるもの以外の教育施設で、職業若しくは実際生活に必要な能力を育成し、又は教養の向上を図ることを目的として次の各号に該当する組織的な教育を行うもの(当該教育を行うにつき他の法律に特別の規定があるもの及び我が国に居住する外国人を専ら対象とするものを除く。)は、専修学校とする。

フリースクールの位置づけ

日本のフリースクールは、学校教育法に定められた「学校」ではありません。

義務教育段階の子どもたちは、小中学校等に籍を置きながらフリースクールを利用しています。

在籍する学校の校長裁量により、フリースクールでの活動を、在籍校の出席扱いとして認められることがあります。

フリースクールの様々な名称と活動形態

「フリースクール」そのものに定義や基準はなく、運営する団体の理念、活動方針によって様々な呼ばれ方がされています。

主な名称

フリースクール	シュタイナー教育
フリースペース	中等部
オルタナティブスクール	ホームスクール
デモクラティックスクール	ネットスクール
サドベリースクール	など

上記を、一般的に「フリースクール等」と総称されることがあります。本書および全国調査における「フリースクール」の対象は、上記を含めたすべての「学校外の学びの場」としています。

本書においては、文脈に沿って、広義での「フリースクール」、活動内容としての「フリースクール」あるいは「オルタナティブスクール」等と使い分けて表記しています。

<公式データ>

文部科学省 2015年調査

■フリースクールの利用者数(n=317)

	男子	女子	計	割合(%)
小学生	1,095	738	1,833	26.1%
中学生	1,340	1,023	2,363	33.7%
小計(小・中学生)	2,435	1,761	4,196	59.8%
高校生	966	667	1,633	23.3%
高校に在籍しない16～18歳	228	142	370	5.3%
高校、大学に在籍しない19歳以上	552	260	812	11.6%
合計	4,181	2,830	7,011	100.0%

■スタッフ数(n=316)

	有給	無給	計	割合(%)
週5日以上勤務	872	58	930	32.5%
週5日未満勤務	1,099	835	1,934	67.5%
合計	1,971	893	2,864	100.0%
割合(%)	68.8%	31.2%	100.0%	

■フリースクールの会費(n=262)

区分	団体・施設数	割合(%)
～5,000円	25	9.5%
5,001～10,000円	15	5.7%
10,001～30,000円	100	38.2%
30,001～50,000円	95	36.3%
50,001円以上	27	10.3%
合計	262	100.0%

(出所)文部科学省「小・中学校に通っていない義務教育段階の子供が通う民間の団体・施設に関する調査」平成27年8月

第1章

フリースクールの現状と調査の背景

(1)「フリースクール全国調査」の目的
―イメージではなく、具体的な「中身」を知ってもらう―

「フリースクール」の社会的な認知度は、この20年で格段に高まったと言えます。しかし、社会全体が「フリースクール」の具体的なイメージを持っているかというと、それは十分だとは言えません。

日本のフリースクールは1980年代に、主に登校拒否や不登校の子どもたちの居場所として始まりました。その後は、学校以外の学びを求める子どもたちのために、多様な活動を行う団体も設立されていきました。

フリースクールが最も大切にしてきた理念は、学びの中心を「子ども」ととらえ、考える主体を「子ども」に据えてきたことです。この考えを軸に、様々な団体が多様な活動を続けてきましたが、社会的なイメージは、どうしても「不登校」という切り口のみで語られてしまう側面があります。

フリースクールが不登校の子どもたちにとって重要な役割を担ってきたことは事実ですが、こうした評価が、一方でフリースクール全体を「＝不登校の居場所」と印象づけてしまい、カウンセリングや支援機関のような位置づけとして誤解されてしまっている状況もあります。

こうした誤解が生じてしまった要因は多岐にわたりますが、一つはフリースクールそのものの実態を、社会に対して十分にアピールしてこられなかったことが挙げられます。一般の方々だけでなく、学校関係者や保護者、支援者も含め、フリースクールをどんな子どもが利用しているのか、どんな活動が行われ、どんなスタッフが関わっているのか、といった「中身」を知る人はそう多くありません。

また、インターネット等を介して様々な情報を得られるようになった現在でも、子ども自身が自ら利用するフリースクールをどうとらえているのか、保護者にはどんな満足度があり、スタッフはどんな課題意識を持っているのか、といった具体的な情報を知れる機会はほとんどありませんでした。

そこで、フリースクールの「実態」を明らかにし、社会に対して発信していくことを目的に実施されたのが「フリースクール全国調査」です。

調査は、「団体（代表者）」「スタッフ」「子ども」「保護者」の4つの視点からフリースクールをとらえ、長所・課題すべてがわかる結果となりました。この調査結果と本書を通して、読者の方々にフリースクールの本当の姿を知ってもらい、同時に、社会的評価を受けることで、今後のフリースクールの発展につなげていくことを目的としています。

(2) 2003年調査とは何だったのか —行政や社会に対する説明資料に—

本調査は20年前の2003年に、日本で初めてフリースクールの実態を把握するための調査として実施されました。

この頃、日本では各地で続々とフリースクールが設立され始めており、様々な活動が活発化されていました。調査の2年前となる2000年には、日本で初めて「世界フリースクール大会」が開催されています。この時の分科会で議題として挙がったのが、団体間連携（ネットワーク）の組織化でした。そして、翌年の2001年、フリースクールの全国組織「フリースクール全国ネットワーク（FSN）」が設立されています。

FSNは、フリースクール運動の次の展開として、フリースクールを行政や社会に認知してもらうための説明資料を必要としました。そこで、実施されたのが2003年の「フリースクール全国調査」でした。

当初の目標は「フリースクールの法制化」でしたが、調査が最初に活用された事例の一つが、「フリースクール高等部の学割定期券運動」でした。また、公共施設の利用をはじめとした社会資源の活用への課題解決に対しても、本調査は重要な役割を担いました。

こうした動きは、やがて議員連盟発足にも発展し、2008年に初めて国会で「フリースクール環境整備推進議員連盟」が発足されました。2014年には「フリースクール等議員連盟」と再編成され、この活動は、後に2016年の「教育機会確保法」成立へとつながっていきます。

(3) 2022年調査の目的は何か

①社会に価値を問い、客観的に検証する

この20年で「フリースクール」の認知度は増えたものの、フリースクールそのものが圧倒的に増えたという印象はありませんでした。同時に、不登校児童生徒数が急増する中で、特別、フリースクールを利用する子どもが増えたという実感もありません。

これは、「フリースクール」という言葉だけが社会の中で独り歩きし、実際は、多様な居場所を必要とする子どもたちが十分に居場所や情報につながっていないという状況が予測されます。こうした状況を生んだ背景には、フリースクールが横につながり、全体としての行動を起こしてこられなかったという反省も見えてきます。

そこで、改めてフリースクールの全体調査を行い、その存在を社会に広めるとともに、フリースクール同士が共通した課題意識を持ち、連携していくための手がかりとなることを狙いとしました。

②独自性の再認識と課題発見

特に、2022年調査の目的は、この20年で培ったフリースクールの価値を社会に問うことでもありました。本調査は、フリースクール全体の特徴や課題を客観的に整理し、検証していくための資料としてもとらえています。

なかでも、2022年調査は前回調査と比較し、株式会社や学校法人をはじめとした、より多様な運営主体からのアンケートを回収できています。これにより、個々の団体が自らの団体以外の様々な活動の中

身を知ることができ、それぞれの活動に対する客観的な見え方や課題面を発見できる材料にもなると考えています。

③共通する課題を共有していく

フリースクールは各団体の独自性が尊重される一方で、子どもや保護者との関わり方、経営の安定など共通した課題も抱えています。本調査はそうした共通課題を明らかにし、団体同士が連携して課題解決に向けた行動を起こしていくための資料としてもとらえています。

特にフリースクール全体が抱える課題として挙げられるのが、持続可能な経営です。本調査でも、多くの団体が厳しい経営状況の中で運営を維持している状況がわかりました。

2016年に成立した「教育機会確保法」では、附則事項で「政府は、速やかに、教育機会の確保等のために必要な経済的支援の在り方について検討を」すると明記されました。しかし、施行から7年経った今、この項目は一度も履行されていません。これはフリースクール側の努力不足、行動の遅れを表しているとも言えます。

フリースクールが社会にとって重要な存在であること、その存在に対して公的資金による支援が必要であるのか、こうした議論の根拠を社会に示すためにも、本調査を活用していきたいと考えています。

(4)調査結果の客観的評価

「フリースクール全国調査」は、フリースクールの全体像を把握するため、多岐にわたる視点からアンケートを実施しました。対象を「代表者」「スタッフ」「子ども」「保護者」の4つの調査票を作成し、大問で述べ178問の質問項目を送付しています。

このうち、特に注目できる内容について以下で整理しています。より詳細な調査結果については、第2章「フリースクール全国調査（ダイジェスト報告）」および巻末「調査票・単純集計」をご覧ください。

①評価

主なポイント

- 多くの子どもたちがフリースクールを利用することを肯定的に受け止めている様子、スタッフと深い信頼関係を築けている様子がわかった。
- 保護者の多くがフリースクールを肯定的に受け止めている様子がわかった。「フリースクールに通ってよかったか」では、「子どもにとって」「保護者にとって」で、いずれも「よかった」「まあよかった」を合わせて、ほぼ100%となった。その具体的な根拠となる要因も示すことができている。
- 多くの団体で「学習」や「体験的な学び」が豊富に実施されていることがわかった。

全体の評価点では、フリースクールの具体性が見える結果となりました。実際の活動の中身、それに対するスタッフ・子どもたち・保護者の評価をリアルな視点で得られています。

特に、今回の2022年調査は、2003年調査と比較し、株式会社や学校法人等の多様な団体からもアンケートを得られており、より精度の高い調査結果を得られています。

子ども自身については、2003年調査と同様に、全体として肯定的な評価を得られています。子どもが主体であることを大切にしてきたフリースクール活動の結果が数値として表れたものと思われます。

保護者については、2003年調査よりも多くアンケートを回収できました。そうした中でも、保護者の高い満足度が得られており、同時に、本調査では「保護者自身の変化」に対しても前向きな状況がうかがえています。

②課題

主なポイント

- 各団体の経営状況が20年前から変化しておらず、依然として厳しい状況で運営が維持されている様子がわかった。
- スタッフ自身が感じる課題では、「団体の財政」「給与待遇」など経済的側面が上位に挙げられた。
- 子ども自身が感じる課題では、「もっとスポーツがやりたい」など、運動場をはじめとした社会資源を十分に利用できていない実態がわかった。
- 保護者自身の課題では、保護者がフリースクールを肯定的に受け止める一方で、自身が団体の活動や運営に積極的に参加する様子がうかがえなかった。

各団体の厳しい経営状況では、運営者の経営努力やスタッフの個人的なやりがいによって運営が支えられている様子がうかがえます。脆弱な運営基盤はスタッフの人材育成につながらず、学びの質の保障、フリースクールの継続性が懸念されます。特に、スタッフが忙しい状況は、子どもが遠慮がちになるなど、安心できる環境を維持できない状況が懸念されます。

課外活動では、環境面での制約が多いことがわかりました。地域の運動施設をはじめ、学校であれば無償で利用できる社会資源が、フリースクールでは、例えば抽選に外れてしまったり、利用費の発生から利用できない状況がうかがえます。子どもたちの学び・育ちの環境を維持・充実させていくために、社会的支援の必要性も浮かび上がってきました。

保護者とのコミュニケーションが十分に取れていない様子がうかがえます。フリースクールは子どもの主体性を運営の主軸に据えてきましたが、その反面で保護者に目を向ける意識が十分でなかったことが考えられます。

保護者個人や親の会から設立されたフリースクールは、NPO法人等に組織化された傾向があり、既存の親の会については、フリースクールとの連携が十分でなかったことが要因として考えられます。

③20年前調査からの変化

主なポイント

- 団体の運営主体では、「個人」「親の会など、数人の任意団体」が減少、「NPO法人」「有限会社・株式会社等の法人」が増加した。新たに追加した「学校法人」では一定数の割合が確認できた。

団体の運営主体	2003年	2022年	増減
個人	38.3%	19.1%	-19.2
任意団体	25.8%	3.8%	-22.0
NPO法人	23.3%	42.6%	+19.3
株式会社等	5.8%	16.4%	+10.6
学校法人	—	7.1%	—

- 団体の主な事業では、「フリースペース」が減少し、「フリースクール」「サポート校」が増加した。

団体の主な事業	2003年	2022年	増減
フリースクール	41.4%	57.6%	+16.2
フリースペース	21.7%	2.2%	-19.5
サポート校	0.8%	7.6%	+6.8

- 「教科学習」や「体験的な学び」を実施する団体の割合が上がった。

定期的な活動(プログラム)		2003年	2022年	増減
教科学習	定期的な形で行っている	55.0%	72.5%	+17.5
	子どもが必ず出なければいけない	9.2%	17.5%	+8.3
体験的な学び	定期的な形で行っている	53.3%	90.6%	+37.3
	子どもが必ず出なければいけない	5.0%	10.6%	+5.6

- 団体からの「在籍校への出席報告」「在籍校との情報交換」の割合が上がっており、いずれも「学校からの求めに応じて」よりも「原則として」の割合が上がっている。

学校対して出席報告の提出	2003年	2022年	増減
原則として	15.8%	60.3%	+44.5
学校側からの求めに応じて	58.3%	26.8%	-31.5
どのような場合でも提出しない	15.0%	3.4%	-11.6

担任や学校との情報交換	2003年	2022年	増減
原則として	23.3%	48.3%	+25.0
学校からの求めに応じて	56.7%	42.2%	-14.5
どのような場合でも行わない	7.5%	0.6%	-6.9

- 学校の「出席扱い」については、「全ての子」「大部分の子」において割合が上がっており、「認められていない」の割合が下がっている。

在籍校からの出席扱い	2003年	2022年	増減
全ての子に出席扱い	24.2%	47.7%	+23.5
大部分の子に出席扱い	20.0%	26.7%	+6.7
一部の子に出席扱い	19.2%	12.5%	-6.7
全ての子に認められていない	17.5%	6.3%	-11.7

- 子どもが「並行して行っているところ」について、「小中学

校の教室」とする割合が大幅に上がっている。

子どもが並行して行っているところ	2003年	2022年	増減
小中学校の教室	5.7%	20.8%	+15.1

運営主体については、この20年で団体の組織化が大きく進みました。フリースクールは当初、保護者や親の会が中心となり設立される事例が多くありましたが、そうした個人や任意団体が、この20年でNPO法人など社会的に制度化されていった傾向があります。2003年当時は、特定非営利活動促進法（1998年成立）が施行されて間もなくの頃であり、現在よりもNPO法人化が浸透されていなかったことも背景として考えられます。一方で、法人化に移行しなかった個人や任意団体の中には、活動を停止した団体も多くありました。

各団体の主な事業では、活動のアイデンティティが大きく変化している様子がうかがえます。特筆すべきは「フリースペース」の減少と「フリースクール」の増加が挙げられますが、これには様々な要因が考えられます。

一つは、この20年で不登校に対する社会の理解や認識が大きく変わったことです。

2000年代初め頃までは、不登校の子どもたちにとって、学校は「自分たちを苦しめる存在」（※実際に当時の子どもが表現した言葉）という印象が強かったものと思われます。そのため、フリースクール側も「学校から子どもたちを守る」という意識が強くありました。

こうした背景から、当時、「ここはスクールではない」「時間割も持たない＝自由なスペース」という意味を含めて、「フリースペース」と自称する団体が数多くありました。

ところが、この20年で不登校を取り巻く状況は大きく変化し、学校現場においても登校を無理強いしたり、勉強をあからさまに強制するような状況が少なくなってきました。実際、本調査からも、フリースクールと並行して学校に通う子どもたちの割合が大幅に増えていることがわかります。

勉強についても、ICTをはじめとした多様な学びや自分に合った学び方が浸透されはじめ、「(勉強は)学校が自分を苦しめてくるもの」というとらえ方が薄れてきたものと思われます。今回の調査からも、フリースクール側が教科学習や体験活動など「学び」に対する活動を増やしている様子がうかがえます。

フリースクールと学校との関係も大きく変わってきているようです。各団体が在籍校へ出席報告をしている割合や、学校側からの出席扱いの割合も高まっており、少しずつフリースクールと学校が互いに歩み寄りを見せている様子がうかがえます。

本調査はフリースクールを知る調査でありながら、結果として学校側のフリースクールに対する認識の変化や、子どもたちの学校に対する印象の変化などもわかる資料となりました。

(5)どんな見方、活用の仕方ができるのか

本調査および本書「フリースクール白書」は、様々な立場や視点から、分析、発信、活用等をしてもらうことを目指しています。

具体的に、どんな見方や活用の仕方があるのか。参考として、以下のように整理しています。

①「フリースクール関係者」のみなさまへ

フリースクールは、各団体の独自性が尊重される一方で、全体像をつかみにくいという課題もあります。フリースクールを運営する代表者、スタッフも、実は自分たち以外の団体の活動を知る機会が少ない状況です。

本調査は、フリースクールがどうあるべきか、どんな可能性を秘めているのか、どんな取り組みをしていくべきか―、などを考察してい

ける重要な手がかりとなっています。他団体の様子を知ることで、反省や課題が見えるだけでなく、自らの活動の独自性を客観的に再認識できる資料となっています。

一方で、「子ども中心」という基本的な視点、「持続可能な経営」や「子どもや保護者との関わり方」といった課題は共通しています。そうした共通課題に対しは、団体同士が互いに知見を集め、情報共有をしながら解決に向かう取り組みも今後必要となっていきます。

今回の調査は、20年前の調査よりもはるかに多様な形態の団体からアンケートを回収することができました。より多様な知見を集める材料がそろっており、これらをもとに、お互いが支え合い、学び合うための土壌が整ったと言えます。フリースクールをより社会に広げていくための資料として、本調査の必要性を実感してもらえればと思います。

②「学校関係者・教員」のみなさまへ

本調査は、想像のフリースクールではなく、数字で見たフリースクールとして、「フリースクールの教育」を知る調査にもなっています。

今回の調査からは、フリースクールの多くが「教科学習」や「体験的な学び」に関する活動を数多く実施していることがわかりました。

学校の先生方がフリースクールの実際の「中身」に触れる機会は少ないと思われます。「フリースクールは学びの意識が薄い」という印象を持つ先生方も多く、「ゲームをして遊んでいるだけ」といったイメージを持つ方もいるかと思われます。しかし、実際の子どもたちは、想像を超えて学んでいたり、話し合ったり、社会に対する認知を深めています。特に社会の認知については、フリースクールの活動を通してむしろ深まっている様子も見えてきます。

そうした「フリースクールの教育」を評価する材料として、本調査を活用して頂ければと思います。

③「行政機関」のみなさまへ

不登校対策およびフリースクールとの連携については、近年、自治体が主導となり独自の政策を進めている様子がうかがえます。

一方で、フリースクール側には、設置が進む不登校特例校の存在をどうとらえるかという課題もあります。不登校特例校＝「不登校の子どもの学校」であれば、フリースクールは新たな価値（見え方）を見出すかもしれません。あるいは「不登校対策」の中にフリースクールが位置づけられていくのか、または、不登校特例校が今後、多様な学びの一つとして位置づけられていくのか。こうした議論の中で、フリースクールの価値は大きく変わっていくものと考えられます。

一方、今回の調査では、フリースクールが不登校の子どもたちの重要な支えとなっている様子が改めてわかりました。しかしながら、フリースクールの経営面の厳しさは20前から変化していません。この結果からわかることは、不登校の子どもたちにとって重要な居場所となるフリースクールが、独自の経営努力、スタッフのやりがいだけで継続されているという事実です。

フリースクールに社会的な支えが増えると、子どもたちが安心できる環境がさらに広がっていくものと思われます。それは、現在フリースクールを利用していない子どもたちにとっても、「いざとなったら居場所がある」という潜在的な安心感を与えることにもつながります。そうした側面からも、フリースクールを理解したり、考察するための調査としてご活用ください。

④「保護者」のみなさまへ

本調査は、子どもたちやスタッフの様子だけでなく、利用する保護者が何を感じているのか、保護者自身にどんな変化があったのかなど、運営に参加する保護者の具体的な姿がわかる内容となっています。今回の調査では、20年前の調査よりも多くの保護者票を獲得できており、より多様な声を集めることができました。

保護者の満足度や保護者自身の変化については、具体的な根拠も知ることができます。フリースクールが保護者自身も安心できる場、生き方を探していける場となっている様子がうかがえます。ぜひ当事者目線として、本調査をご活用頂ければと思います。

⑤「子ども」のみなさまへ

子どもたちにとっても、当事者目線として、そこに通う子どもたちがどんな意識を持って過ごしているのかがわかる内容となっています。

実際に何歳の人が利用しているのか、どんな体験ができるのか、どんな自分になり得るのか—、インターネット上では探ることのできない情報が本調査につまっています。

特に、子どもたち自身が好意的にフリースクールをとらえている様子や、スタッフとの深い信頼関係が築けている様子、自分自身が変化できている点など、フリースクールを利用する自分を肯定的に受け止めている様子がうかがえます。

特に重要な視点は、本調査がフリースクールでの変化を子ども自身に聞いている点です。「明るくなった」「友人ができた」「知識が広がった」「自信が持てるようになった」などが上位として挙げられており、具体的な姿や変化がわかる資料となっています。

⑥「企業（大人）」のみなさまへ

今、社会が求めているのは、創造的でイノベーションを起こせる人材だと言われています。こうした「人材」という視点から、フリースクールに関心を持つ企業が増えてきています。今回、本調査に寄付いただいた株式会社セールスフォース・ジャパンについても、同様の課題意識から協力にいたりました。

韓国やイスラエル、欧米諸国では、「企業も市民社会をつくる重要な存在である」という高い認識があります。そのため、自分たちに何ができるかといったノウハウを数多く蓄積しており、公教育以外の民間教育への投資に積極的です。

日本においても、新しい社会のしくみ、働き方、生き方を模索する時代に入ってきています。その中で、新たなイノベーションを起こしていくには、これまでの思考の枠組み、前例踏襲主義の教育では限界がきているのではないでしょうか。

本調査からは、そうした創造的に活動する子どもたちの様子が見えてきます。ともに未来をつくるパートナーとして、どのようにフリースクールの学びを支えていけるかなどを検討する資料として、本調査を参考にして頂ければと思います。

(6)フリースクールが抱える課題

①フリースクールの定義とは？

1980年代に市民運動の中で始まった日本のフリースクールは、各地域や子どもたちのニーズに即しながら、草の根的に活動が広がっていきました。

当初は不登校・登校拒否の子どもたちの学校外の居場所を目的とする団体が多く、以後「フリースクール＝不登校の居場所」という印象が社会全般で浸透していきました。

ただ、その後は、公教育とは異なる教育を求める子どもや保護者のために、不登校の支援だけを目的としないオルタナティブスクール等の団体も生まれていきました。また、近年は学習塾を母体とした団体も設立され、学習支援に特化した活動も広がっています。

このように、運営方針や活動内容が多様なフリースクールについて、その存在を定義づけることは非常に難しいテーマとなっています。

1993年に始まったIDEC「世界フリースクール大会」（※第1回はイスラエル）では、初期には「フリースクールに定義をつくるか」というテーマで議論が行われていました。結果として、当時は「定義をつくらない」という結論に落ち着いています。この時の理由としては、定義を置くことで「それに当てはまらない団体はフリースクールではない」という線引きが生まれてしまうというものでした。
　本調査においても、主な事業を聞いた結果では、「フリースクール」(57.6%)、「オルタナティブスクール」(10.3%)、「居場所」(9.2%)、「サポート校」(7.6%)、「塾・予備校」(4.9%)、「フリースペース」(2.2%)と、各団体が様々なアイデンティティを持っている様子がうかがえました。

　また、「フリースクールとは」という定義の話に及ぶと、各団体の「学びの中身」の話を避けては通れません。「学びの中身」そのものを定義してしまうこと自体が難しい議論であり、一定の基準を設けてしまうことで、フリースクール全体に分断を生む可能性も危惧されます。

　一方で、フリースクールが充実した活動や環境を維持していくためには、最低限の「共有しておくべき考え方」を用意しておく余地はあると考えられます。
　どんな活動方針、理念を持った団体があったとしても、選択の主体は子ども自身であることは変わりません。その中で、「子どもが必要とする学びをともにつくっていく場＝それがフリースクールである」という共通した理念は共有できるものだと考えられます。

②操作的条件

　安定した経営や社会資源の十分な活用といった側面では、フリースクールが一定の理解を社会の中で得ていく必要があります。その課題を解消していくためには、ある程度、操作的に満たすべき条件を置くことは可能であり、その議論を行う余地はあるものと考えられます。
　フリースクールに公的資金を投入するかという議論においては、今後、一定のガイドラインが必要になるかもしれません。ただ、その基準が、どの視点に比重が置かれていくかで、フリースクールの多様性は一つのハードルとなる可能性もあります。
　しかし、「フリースクールはこんな場所である」という一定の価値観をフリースクール全体が共有し、それを社会に提示することができれば、これらのハードルは超えられます。そのため、それらをフリースクールの側から提示したほうが良いと考えます。

例えば、日本では2022年に「こども基本法」が施行し、2023年に「こども家庭庁」が発足されました。この過程で「子どもの権利条約」の遵守が確認されています。子どもの権利条約においては、多くのフリースクールが条約の求める条件を満たしているのではないでしょうか。

また、本調査では、子ども自身からの評価を得ています。子どもが活動をともにつくるパートナーと位置づけ、その意思を決して否定しないフリースクールの在り方も、社会に対して理解を得る要素となるかもしれません。

公的資金を得る以上は、フリースクール側にもその説明責任が求められていきます。その根拠を示すものとして、あるいは「操作的な条件」を持つための根拠として、本調査は活用できるものと考えています。

③公共性

フリースクールが社会からの信頼を得ていくためには、「社会にとって必要な存在である」ことを認知していかなければなりません。しかし、そこには「フリースクールに公共性はあるのか」という課題も生まれていきます。

教育の公共性については、日本国憲法においては、すべての国民は「ひとしく教育を受ける権利を有する」とされ、子どもたちに「普通教育を受けさせる義務を負ふ」と定めています。ところが、保護者が負う義務教育の規定は、現行制度では、その選択肢(就学先)が公教育に限られているのが現状です(学校教育法第十七条)。

しかし、現実として、法令上規定のないフリースクールを利用する義務教育段階の子どもたちが存在しています。そして、社会全体もフリースクールの存在を必要とし、受け入れ始めている背景があります。

こうした視点から考えると、本来、社会全体を指す「公」が、教育においては官が定義するものに限られてきた、という見方もできます。

この視点については、十分に議論が進んでいるとは言えません。

かつて、日本教育学会会長であった故・大田堯さんは、「公」の解釈を次のように説いています。

「publicは、peopleという言葉がカギです。publicは、公衆的なもの、つまり『誰でもが』という意味を含んでいるわけです。公衆便所は誰が使ってもいいでしょう？ しかし『公』というのは『国』と捉えられてしまう。しかしpeopleのもの、peopleが作りだすものだという、その逆転が日常化しないと、いつまでたっても日本の政治では全然変わらない。」※1

つまり、フリースクールは「peopleが作り出すもの＝社会全体である」という発想が大切であり、そこには十分な公共性があると考えることもできます。

一方で、フリースクールに公的資金を投入することには、憲法上のハードルが出てきます。公金（税金）は「公の支配に属しない慈善、教育若しくは博愛の事業に対し」使用してはならないとされているからです（憲法第八十九条）。

しかし、「公の支配に属さない事業」の解釈には、様々な見解や学説があります。例えば、国が私立学校に補助する私学助成がその一つです。政府は「公の支配に属さない事業」に関する従来の見解を「国または地方公共団体の機関がこれに対して決定的な支配力を持たない事業を意味する」としており、具体的には「その構成、人事、内容および財政などについて公の機関から具体的に発言、指導または干渉されることなく事業者が自らこれを行うものをいう」という立場をとっていま

※1　「教育学者 大田堯さんのお話を聞く」2012年4月　https://aejapan.org/wp/wp-content/uploads/4987091116a7795ade50a96355a762bb.pdf

した。[※2]その上で、私立学校に対する助成は、「私立学校振興助成法、学校教育法、私立学校法に定める所轄庁の監督を受けている」ことから、公の支配に属するという解釈で行われています。

フリースクールが今後、社会的な支援を受けていくためには、一定の公共性の理解を得ていく必要性があると考えられます。今後この議論を発展させていく手がかりとしても、本調査は十分な資料となり得ると考えています。

④教育機会の確保

2023年に文部科学省が打ち出した「COCOLOプラン」は、「不登校の児童生徒全ての学びの場を確保し、学びたいと思った時に学べる環境を整える」としています。その実現として、「行政だけでなく、学校、地域社会、各ご家庭、NPO、フリースクール関係者等が、相互に理解や連携をしながら、子どもたちのためにそれぞれの持ち場で取組を進めることが必要」と求めています。

不登校支援に対する従来の国の姿勢は、不登校の子どもたちの学びを保障することを基本姿勢としつつも、最終的な目的は学校への登校復帰であるという印象が拭えませんでした。しかし、今回のプランでは、学ぶ場所にこだわらず、フリースクール、オンライン学習も含めて、子どもたちが十分に学びにアクセスできることを求めている印象を受けます。「学びたいと思った時に学べる環境」とは、「不登校の子どもが必要とする学びであれば、それを否定せず、誰もが自らの責任で学んでいく権利がある」ととらえることもできます。

1992年の国の報告では、不登校は特定の子どもに起こるものではなく「誰にでも起こり得るもの」として解釈されています。すると、「教育機会の確保」とは、教育関係者、保護者、子どもたち自身だけが負

※2　昭和24年2月 法務庁法務調査意見長官見解

うものではなく、社会全体・すべての大人たちに問われた課題であると、とらえることができるのです。

子どもたちが生きやすい環境、学びやすい場・学び方を考え、整えることは、すべての大人たちが応えるべき責任であると考えられます。フリースクールは、その一つとして、学習者中心の学び・育ちをつくってきました。その経過と結果が本調査の中に現れています。

(7)まとめ

本調査は、20年という経過がなければ実現できなかったものであり、その集大成として、2022年現在のフリースクールの活動、学びの中身を具体的に数値化することができています。

2003年調査は、フリースクールガイドに掲載されている「フリースクール」を対象に実施しました。しかし、今回、NPO法人eboardや学びリンクの協力もあり、民間企業や学校法人をはじめ多様な団体からアンケートを回収できたほか、東京学芸大学・加瀬進教授をはじめとした、フリースクール全国ネットワーク関係者以外のメンバーで実行委員会を組織できたことは、調査の精度をさらに高めることにつながったと言えます。

フリースクールの活動を一部の関係者だけが理解しているという状況は、「フリースクールを社会に開いていく」という動きにつながっていきません。各団体が客観的にフリースクールの全体像や個々の活動を再評価し、課題を認識しながら発展していくことが必要だと思われます。

一方で、経営の安定性は多くの団体に共通した課題でもあります。本調査からも、運営者個人やスタッフの努力、保護者の協力により運営が継続されている様子が如実に現れてきました。子どもたちを安心して支えていくために、社会全体に理解者を増やし、参加者を増やし、スタッフを増やしていくことの必要性が実感できる内容となっています。

一方で、現在の子どもたちは、オンラインも含め、学びの選択肢が広がっています。その中で、フリースクールの価値をどう評価するのかといった視点もポイントとなりそうです。特に、コロナ禍以降は学びの形態が大きく変化し、学びのオンライン化も伴い、フリースクールに対する誤解は以前にも増して進んだようにも思われます。

なぜ、フリースクールは、ともに学び合う関係性づくりや、話し合う場を大切にしているのか。この価値を社会の中でブラックボックス化せず、より広く認知していけるための資料として、本調査を発信していく必要があります。

第2章

フリースクール全国調査（ダイジェスト報告）

1. 代表者調査
2. スタッフ調査
3. 子ども調査
4. 保護者調査

調査概要

(1) 調査名称

フリースクール全国調査

(2) 調査目的

フリースクールの活動を包括的に把握し、代表者、スタッフ、子ども、保護者の視点からの捉え方、不登校の子どもたちの抱えている困難や質的な変化の読み取り、フリースクールの課題・必要な支援を分析すること。また、公的あるいは社会的支援を受けることや、フリースクール同士の連携等に活かすことを目的として実施した。なお、2003年の同調査と同様の質問内容（一部質問を追加）を設定し、20年の変化も分析した。

(3) 調査期間

2022年7月～9月

(4) 調査対象

①全国のフリースクール等およびフリースクールと思われる民間施設

1. 「NPO法人フリースクール全国ネットワーク」加盟団体
2. 「NPO法人eboard」「学びリンク株式会社」が把握するフリースクール等

②アンケート区分

1. 代表者　2. スタッフ　3. 子ども　4. 保護者

(5) 調査方法

WEBアンケート

- 郵送およびメールにて依頼状を各団体の代表者宛に送付し、各対象者に対して、添付のURLおよびQRコードからの回答を依頼した。

- 各団体への回答者数は、フリースクール代表者（1名）、スタッフ（各教室1名以上）、子ども（各教室1名以上）、保護者（各教室1名以上）として依頼した。
- 郵送での発送数は783通、e-mailでの発送数は440通である（郵送とe-mailでの重複あり）。スタッフ、子ども、保護者に対し、代表者から何名依頼しているのかを確認できない形式の調査であるため、それぞれの調査票についての回収率は計算ができない。そのため、ここには各調査の有効票の回収数を明記する。

	代表者(1)	スタッフ(2)	子ども(3)	保護者(4)
有効票(N)	184	160	81	292

(6)調査結果

- 各選択肢の％は四捨五入で示しているため、合計が100％とならない場合がある。※p180～「巻末資料<調査票・単純集計>」を参照

(7)調査実行委員会

調査票の設計、分析などは以下のメンバーを「フリースクール全国調査実行委員会」として組織し、月1回程度の研究会を持ち、実施した。

（実行委員）※五十音順

朝倉景樹（TDU・雫穿大学）
江川和弥（フリースクール全国ネットワーク・寺子屋方丈舎）
加瀬　進（東京学芸大学）
小林建太（学びリンク株式会社）
前北　海（フリースクール全国ネットワーク）
村山大樹（帝京平成大学・NPO法人eboard）

（事務局）

檜山大輔（フリースクール全国ネットワーク）

1 代表者調査

(1) 団体概要

最も多かったのはフリースクール (57.6%)、次いでオルタナティブスクール (10.3%)、居場所 (9.2%)、サポート校 (7.6%)、となった。2003年の前回調査ではフリースクール (41.7%)、フリースペース (21.7%)、オルタナティブスクール (13.3%)、居場所 (11.7%) であり、フリースクールとサポート校が大きく増え、フリースペースが減っている。

この調査は主にフリースクールガイドに掲載されているフリースクールについての調査である。この項目は広義の意味ではフリースクールである自団体を、どのようなフリースクールであるかといういわば自己認識を問うたものと言える (図1-1)。そして、運営主体はNPO法人(42.6%)、個人(19.1%)、有限会社・株式会社(16.4%)の順となった。個人(38.3%)、任意団体(25.8%)、NPO法人(23.3%)の順であった前回調査に比べると、個人・任意団体が大きく減り、NPO法人と有限会社・株式会社が増えており、法人化が大きく進んだことがわかる(図1-2)。

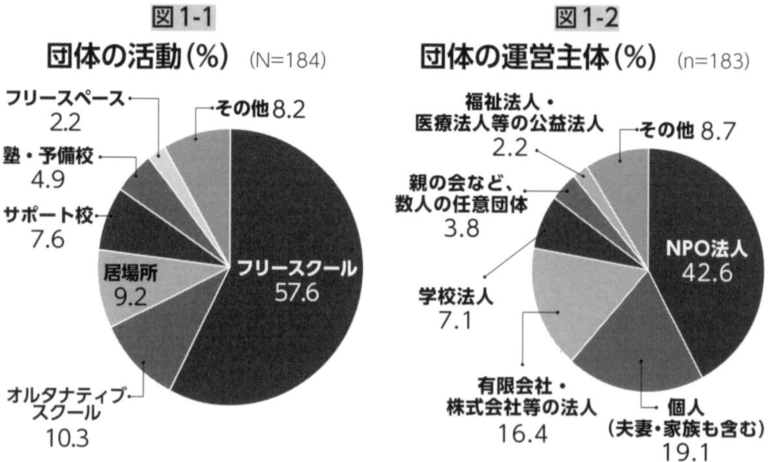

図1-1 団体の活動(%) (N=184)

図1-2 団体の運営主体(%) (n=183)

子どもの人数で最も多いのは5人以下で29.2%となっている。フリースクールの多くは小規模で20人までのフリースクールが全体の74%を占めている。子どもの年齢は年齢制限を設けていないフリースクールも22.3%とあり、幅広く2歳から40代まで活動に参加している。また、89.7%のフリースクールが障がいを持つ子どもを受け入れている。受け入れている子どもの障がいでは、ADHD(92.7%)、自閉スペクトラム症(91.5%)、LD(77.0%)の順に多かった。

フリースクールの92.9%は固定した常設スペースを持っており、84.7%は自団体でその場所を占有している。しかし、屋外スポーツを行うのは70.3%、屋内スポーツでも64.8%は主に他の場所を借りてである。料理も17.8%は主に他の場所を借りて行っている。音楽も15.0%が主に他の場所を使っており、施設・設備の問題は深刻である。それに対し、公共施設などでの料金、予約などでの優遇はほとんどない状況にある(表1-1)。

表1-1

公共の施設利用での優遇状況(%) (n=181・複数回答)

	はい
公共施設利用の予約を優先的にできる	2.8
公共施設を安く利用できる	13.3
公共施設を無料で利用できる	10.5
その他の優遇を行政から受ける	11.0
優遇を受けることは無い	72.9

インターネット環境、パソコン、ホワイトボード・黒板、エアコンなどはほとんどのフリースクールに備わっている。必要なのにないとされているのは、車(24.4%)、美術設備(23.5%)、ビデオカメラ(14.9%)、印刷機(14.1%)、卓球台(14.0%)、音楽機材(13.4%)などである。地方では車が無いと身動きがとりにくく、ぜいたく品ではない。卓球台は体育館やグラウンドを持たないフリースクールでは貴重なスポーツ資源である。

(2)入退会

入学に際して、あなたはこの学校に入る意思があるのかという確認は一般にはわざわざ行わない。今回の調査でフリースクールの9割が本人の意思がある場合のみ入会と答えている。入会に際しての意思確認が重視されていることがわかる。また、学校は4月入学が一般的であるが、フリースクールの93.4%が随時入会を受け入れている。退会もまた3月と決められてはおらず、88.3%のフリースクールで随時本人の意志に応じてやめている。退会者の在籍年数は6か月から3年未満に集中しており、74.8%を占めている。最も多いのは1年以上2年未満で24.5%、次いで6か月以上1年未満が23.9%となっており、6か月以上2年未満で半数近くを占めている。進路は、在籍校復帰、進学、様々な形での就労、主に家で過ごすなど様々である。

(3)活動・学び

日本のフリースクールのほとんどは90.8%と通所型のみが多い。開室日数では週5日以上が70.6%と多数を占めており(図1-3)、開室時間は5～6時間が最も多く42.8%、次いで7～8時間が32.6%となっている。4時間以下は12%と少ない(図1-4)。47.0%が、開室中なら来る時間は子どもの自由となっている。前回調査の60.0%に比べると数値は小さくなっており、「来る・帰る」時間が決まっているフリースクールが増えている。

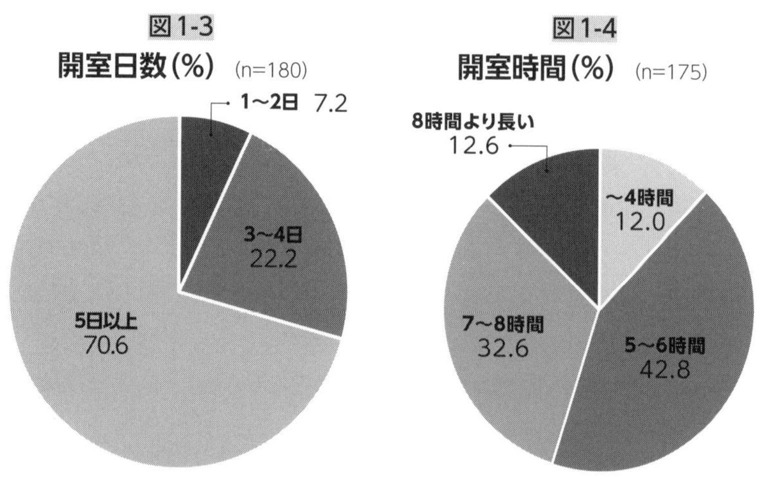

フリースクールで行われている活動は多様である。体験的な学び(90.6%)、教科学習(72.5%)、工作・ものづくり(68.8%)、スポーツ(67.5%)、料理(66.9%)、野外活動(63.7%)、絵画・工芸(59.4%)、外遊び(54.4%)は過半数のフリースクールで定期的に行われている。それ以外にも、漫画・イラスト、読書・読み聞かせ、その他の表現活動、コーラス・合唱、映像作成、ダンス、演劇など様々な表現活動が定期的に行われている様子がわかる。体験的な学びが最も多かったが、実験、農作業、仕事体験、ボランティア活動など様々な学び・活動も多いことが見て取れる(表1-2)。

表1-2
定期的な活動(%) (n=160・複数回答)

	定期的に行う
体験的な学び	90.6
教科学習	72.5
工作・ものづくり	68.8
スポーツ	67.5
料理	66.9
野外活動	63.7
絵画・工芸	59.4
外遊び	54.4
ミーティング	48.8
実験	48.1
楽器	47.5
漫画・イラスト	43.8
農作業	40.6
お泊り会	37.5
仕事体験	36.9
読書・読み聞かせ	31.9
地域交流	31.9

	定期的に行う
ボランティア活動	30.0
その他の表現活動	28.7
フリースクール交流	26.3
コーラス・合唱	23.8
映像作成	22.5
ダンス	21.9
他外部との交流	20.0
職業体験	20.0
演劇	18.8
飼育	16.3
サークル活動	16.3
国際交流	15.6
通信・同人誌づくり	14.4
道徳	11.3
委員会	10.0
宗教	3.8

年間行事は、学校では通常行われる入学式や卒業式がいずれも行われているのは半数以下であり、逆にキャンプや体験旅行を年間行事としているフリースクールはそれぞれ3分の1ほどある。修学旅行のように最終学年のみ参加できるという行事ではなく、在籍する子なら参加し得る形でこのような行事が行われているのだ(表1-3)。

表1-3

年間行事(%) (n=157・複数回答)

夏休み	73.2	入学式	26.8
冬休み	72.6	映画上映	22.3
春休み	66.9	運動会	21.0
卒業式	48.4	水泳(海・プール)	19.1
体験旅行(国内)	37.6	スキー	12.7
文化祭	33.1	観劇	12.1
キャンプ	33.1	周年祭	8.3
講演会	29.9	体験旅行(国外)	3.2

学びもフリースクールでは重視されている。特に体験的な学び(88.2%)は重視されており、教科学習の補充(63.6%)より数値は大きく上回っている。また、個別指導も盛んで72.5%のフリースクールが定期的に行っている。表現的な学び(64.6%)が多いことも定期的に行われている活動の結果と一致している(図1-5)。教科等学習については第3章4に詳しく分析されている。

図1-5
定期的な学びのプログラム（%）

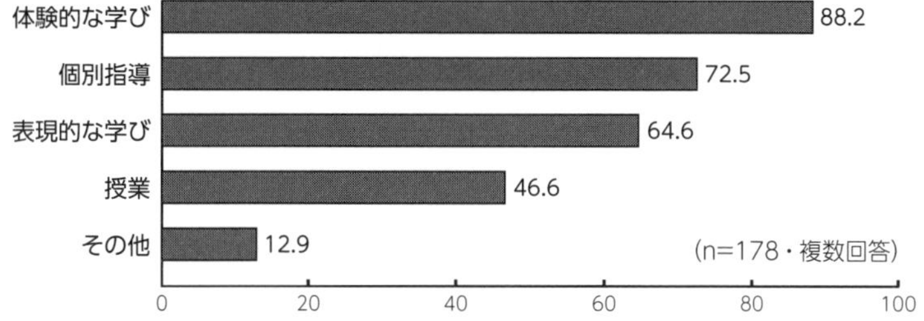

学びについて特徴的なのは、少人数で行われていることだ。個別指導形式でも授業形式の時間でも、参加する子どもの人数は5人以下が約8割を占める。授業の参加人数で最も多いのは子どもが1人というもので50.9%となっている。個別指導形式より、むしろ授業形式の方が少人数で行われている（表1-4）。教えているのはスタッフ（96.0%）が最も多く、他に外部講師（56.5%）、ボランティア（46.9%）も活躍している。使われている教材で最も多いのは学校の教科書（62.5%）、次いで市販教材（55.7%）となっている。フリースクール独自の教材を使っているが44.9%にとどまっている。いつも新入会があったり、事務も学びもアウトドアの活動も担う忙しいスタッフが独自の教材を準備する時間は限られている。ICT機器の活用については91.3%のフリースクールで行われている。第3章5で詳述されている。特定の通信制高校と約半数（46.7%）のフリースクールが連携していた。

評価は行っていないという回答が最も多く59.9%を占めた。子ども、親、在籍校に対して評価をしているフリースクールもあるがいずれも2割程度であった。

表1-4
学びの参加人数(%)

	個別指導形式(n=156)	授業形式(n=114)
1人	30.8	50.9
2～3人	29.5	21.9
4～5人	17.9	10.5
6人～	21.8	16.7
合計	100.0	100.0

(4)意思決定

意思決定機関があるものとして最も多かったのはスタッフミーティング(89.9%)、次いで保護者会・父母会(66.5%)、3番目が運営会議や理事会などの運営のための会議（65.4%）で、子ども・若者による会議・ミーティングは4番目(54.2%)となった(図1-6)。

図1-6
意思決定機関(%)　(n=179・複数回答)

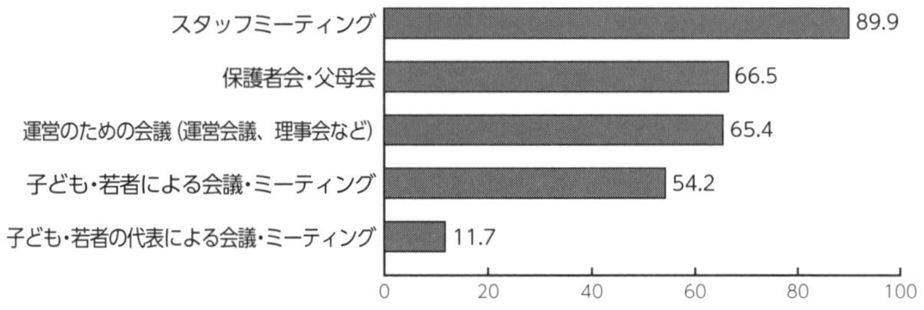

意思決定の内容について細かく見てみると、子どもの生活ルール、イベント・行事、子どものプログラムについては、スタッフ、次いで子ども・若者、3番目に団体代表者の関わりが大きくなっていた。スタッフの人事権、財政・運営については団体の代表者が9割ほどで大きく、スタッフが4割台で他の数値は小さくなっている。組織運営に意思決定は代表が責任を持ち、スタッフも関与するところが半数弱、

子どもの活動に関しては、スタッフがイニシアチブを持ち、子どもも一緒に決めたり意見を言ったりするというようなことであろう。代表がスタッフである場合も少なくないが、代表も意思決定に参加している(表1-5)。

表1-5
内容による意思決定のあり方(%) (n=181・複数回答)

	子ども・若者	子ども・若者の代表	親	スタッフ	団体の代表者・経営者	大人の代表者
スタッフの人事権	7.2	2.8	5.5	42.5	90.6	9.9
財政・運営について	6.0	2.2	10.9	47.0	91.3	12.0
子どもの生活ルール	64.6	12.2	22.1	80.7	60.8	9.4
イベント・行事	76.9	17.0	29.7	86.8	70.3	8.2
子どものプログラム	75.4	16.2	22.9	83.2	64.2	6.1

子ども個人の意思決定についても調査している。学校では決められたことをするということがほとんどであるが、フリースクールでは選択肢から選ぶ (5.7%)、あるいは、参加しないことも含めて自分で行動を決められる (83.9%) がほとんどであった。子どもの自己決定が尊重されている様子がわかる。出席についても80.7%のフリースクールで子どもの自主的な判断が尊重されている。

子どもが活動ルールに反した場合は訓戒・口頭での注意が62.4%と最も多く、次いでミーティングで議論が38.2%だった。懲罰によるのではなく、話すことが重視されている。

(5)経営・運営

団体の財政規模では250万円までのフリースクールが28.3%を占めた。1000万円までのフリースクールを合わせると73.3%となった。毎日開室しているフリースクールの財政規模としてはかなり小さいことがわかる。家賃、光熱費、活動に必要な費用は削減が難しく、人件費を抑えることで成り立たせている状況が読み取れる(図1-7)。

図1-7
フリースクールの財政規模(%)
(n=120)

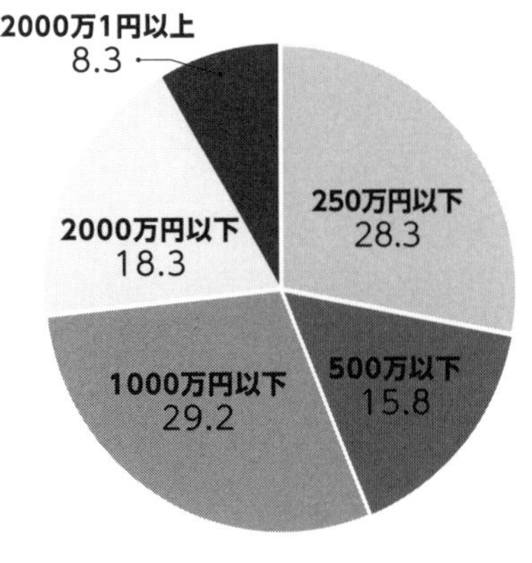

会費は68.9%のフリースクールが3万円以下である。しかも最も多いのは会費1万円以下の27.8%である(図1-8)。文部科学省の「子供の学習費調査」(2021年)では公立中学校3年生の塾費用が月額32,488円である。中学3年生が塾に通う日数で最も多いのは3日であり、1日の授業時間は2～3時間程度が多いことから考えると、単純な比較は難しいとしてもフリースクールの会費がかなり安いことがわかる。月会費を安く抑えられていることもフリースクールの財政を厳しくし、その影響がスタッフの待遇につながっている。

図1-8
フリースクールの月会費(%)
(n=90)

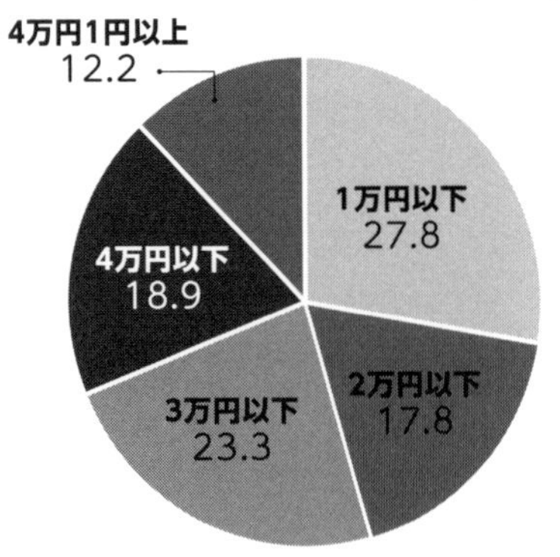

フリースクールは財政が厳しい中で所得が多くない家庭への配慮をしている。28.8%のフリースクールが会費の減免を行っている。そのうち5割まで減額するフリースクールが29.7%、最大全額免除をしているフリースクールも5.4%あった。それでも経済的な理由で退会した子どもがいたフリースクールは40.7%あり、入会をあきらめた子どもがいたフリースクールも57.6%あった。財政に困難を抱えるフリースクールの運営に対して民間からの援助を受けているフリースクールは15.1%にとどまっている。行

政から何らかの支援があるフリースクールは26.8%あるが、直接財政負担を軽くするものは少ない。

常勤で有給のスタッフの人数は7割が3人以下となっている。そのうち21.3%は0人である。常勤無給のスタッフがいるフリースクールが12.8%ある。一方、非常勤についても38.3%が有給スタッフが0人、無給スタッフ0人が59.2%となっており、厳しい状況でスタッフが働いている様子がわかる。

常勤有給スタッフのほとんどはフリースクールからの収入を主たる収入としているかどうかを聞いたところ、51.4%と約半数にとどまった。収入のある親や配偶者と一緒に住むことで暮らしているスタッフが少なくない。少ない人数で多くの仕事をこなしても生活が厳しい状況がうかがえる。

諸手当などのスタッフの待遇では、通勤手当（77.6%）、有給休暇（72.4%）、健康保険（66.4%）、雇用保険（65.7%）、厚生年金（60.4%）、労災保険（57.5%）、健康診断（52.2%）などが過半数のフリースクールで整備されていた。安い給料で献身的に働くスタッフに対して、手当面でできるだけのことをしようという様子が見える。しかし、病気休職（49.3%）、産休（44.0%）、賞与・期末手当（44.0%）、残業手当（38.1%）、介護休暇・休職（33.6%）など努力が見られるが一層の充実が必要なものもある。退職金（26.1%）がないフリースクールが多く、在勤時収入が少なかったスタッフが退職した際に次の生活に備えることが難しいことがうかがえる。

(6)確保法・学校とのやりとり

学校との連携は多くのフリースクールが行っている。在籍している子どものフリースクールでの出席報告は87.1%、フリースクールでの様子などを在籍する学校に伝えるなどの情報提供は90.5%のフリースクールが行っている。学校に子どもの様子や出席状況を伝える際には、ほとんどのフリースクールが子ども本人か保護者、あるいは両方に希望を聞いている。希望を聞かずに学校に情報などを提供しているフリースクールは4.9%となっている。

2016年12月に成立した「義務教育の段階における普通教育に相当する教育の機会の確保等に関する法律」（確保法）は、国連子どもの権利条約にも基づいて議員立法で成立した。不登校を経験する子どもの人権、教育権を保障した画期的な法律とされる。この法律ができて変化があったという回答は51.6%で、その変化はフリースクールにとって良いものだったという回答は78.9%ととても高い数値となった。確保法ができたことでフリースクールにとって良い変化が起きていることがわかる。しかし、確保法はあまり知られていない。学校でも知られていないと感じるという回答は56.5%と過半数を上回っていた。子ども本人（89.7%）、親（74.4%）のかなりの人にも知られていない、社会一般（96.7%）に至ってはほとんど知る人がいないと感じられており、行政による周知の施策が必要な状況にあることがわかる（表1-6）。

表1-6

確保法の認知（%） (N=184)

	かなり知られている	ある程度知られている	あまり知られていない	ほとんど知られていない	合計
親	5.4	20.1	42.9	31.5	100.0
子ども	1.1	9.2	19.6	70.1	100.0
学校	9.2	34.2	39.7	16.8	100.0
行政	15.8	42.1	30.6	11.5	100.0
社会一般	0.5	2.7	32.6	64.1	100.0

2 スタッフ調査

図2-1
スタッフの年齢(%) (n=159)

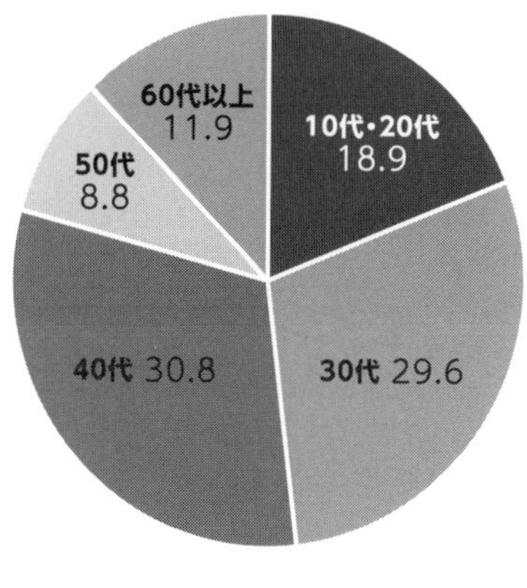

(1)回答スタッフの属性

スタッフ調査はフリースクールの代表ではないスタッフに回答を依頼した調査である。回答してくれたスタッフの年齢で多かったのは30代(29.6%)と40代(30.8%)で合計すると60.4%であった。更に、10代・20代までを合わせると79.3%となり、回答してくれたスタッフは若い世代が多かった(図2-1)。性別は女性が60.0%でやや多かった。また、扶養家族の有無では、有りのスタッフが26.9%であった。前職で多かったのは民間企業(21.9%)で、次いで多かったのは教員(13.8%)であった。他は5%以下で、今回が初職(新卒を含む)というスタッフが16.9%、パート・アルバイトの人が13.1%であった。前職がその中では教員というスタッフが多い。学校に疑問を感じて退職したのちにフリースクールのスタッフになったという声をよく聞くが、重なる結果となっている。

図2-2
スタッフの勤務形態(%) (N=160)

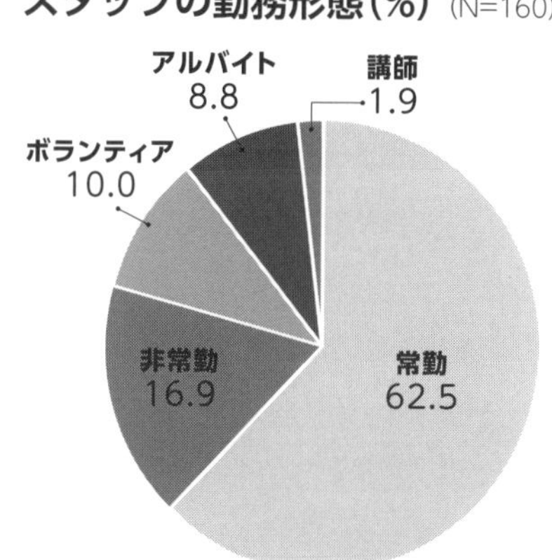

(2) フリースクールでの勤務

勤務形態では常勤スタッフが

多く、62.5%となっている(図2-2)。勤務日数で多いのは5日以上で50.3%となっている。常勤が6割を超えているためであろう。常勤が6割でも4日以下の勤務があるのは開室日が4日以下のフリースクールもあるためである。勤務時間で多いのは8時間以上の48.7%である。給与体系では固定給が59.4%で最も多い。勤務時間と給与体系の結果は常勤スタッフの数値との関連が見て取れる。

図2-3
スタッフの勤務年数(%) (n=157)

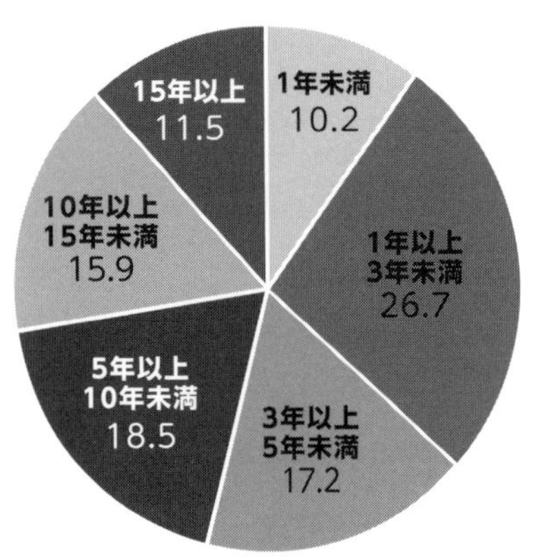

勤務年数で多いのは1年以上3年未満のスタッフで26.7%だ。経験が5年未満のスタッフを合計すると54.1%と半数を超える。勤務年数が15年を超えるスタッフも11.5%いた(図2-3)。

図2-4
月給の額(%) (n=85)

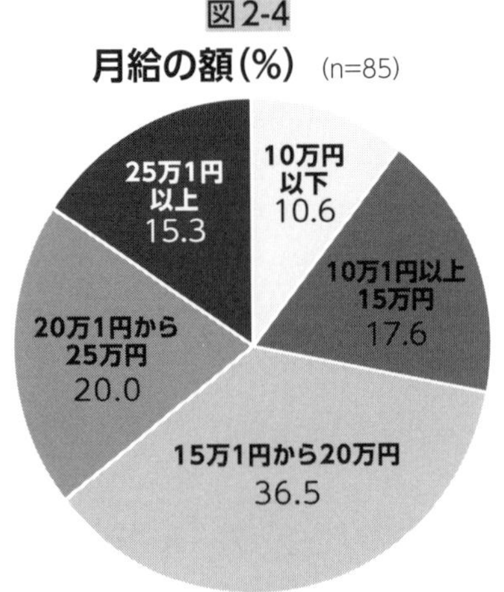

月給の額で最も多かったのは15万1円から20万円以下で36.5%だった。10万円以下が10.6%あり、小さい数値とは言えない。20万円以下までを合計すると64.7%となり、多くのスタッフが安い給料で働いている様子がわかる(図2-4)。

スタッフの生活の収入源についての質問では、フリースクールからの給料を主たる収入として暮らしているスタッフが38.1%と多かった。次いで多かったのは、団体からの給料は充分ではないが、家族または同居人がいるので生活できるのが36.7%、3番目に多かったのが、団体からの給料を主たる収入としているが、充分ではないので副業を持っているが15.1%だった。フリースクールからの収入が十分ではなく、生活が楽ではない様子があらわれている(表2-1)。

表2-1

生活の収入源(%) (n=139)

団体からの給料を主たる収入として生活している	38.1
団体からの給料は充分ではないが、家族または同居人がいるので生活できる	36.7
団体からの給料を主たる収入としているが、充分ではないので副業を持っている	15.1
大部分が団体以外の収入となっている	9.4
その他	0.7

(3)スタッフになった経緯

フリースクールを知ったきっかけで多いのは、知人・友人が45.3%、次いでインターネットで22.6%となっている。それ以外は1割に満たない。知っている人を通じてフリースクールを知ったということが半数近くいることは興味深い。給与待遇面が厳しい中でスタッフになるにはフリースクールに信頼が必要だが、知っている人を通じてフリースクールを知ったということが関係しているかもしれない(図2-5)。

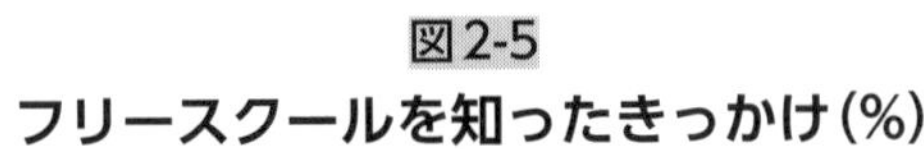

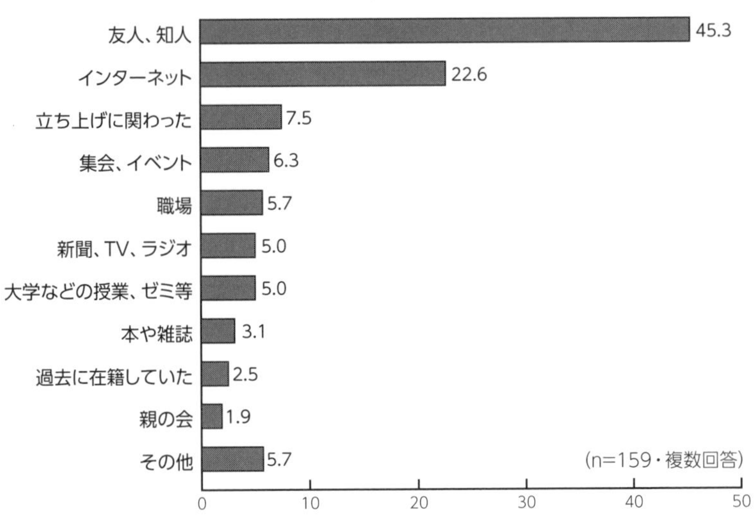

スタッフになった動機では、子どもと関わる仕事がしたかったが51.2%、教育問題に関心があったが44.4%、フリースクールのあり方に共感したが40.0%、不登校に関心があったが36.9%と3割を超えた。本人が不登校経験(21.9%)、フリースクール経験を持っている人(7.5%)、身近に不登校を経験している人(11.3%)もいた。不登校、フリースクール、教育問題に関心があったり、関わりがあったりする人が多い様子がわかる。

スタッフの仕事内容は多岐にわたる。81.3%と一番多かった子どもとのおしゃべりや遊び、はフリースクールのスタッフの仕事として最もイメージされやすいものであろう。しかし、それだけでなく、掃除洗濯(69.4%)、行事・イベントの企画(66.3%)、相談(62.5%)などは6割を超えたスタッフが行っている。さらに、広報・啓蒙活動、障害、財政・経理、車での子どもの送迎なども行っている。フリースクールや不登校についての社会の理解は十分でないためフリースクールのスタッフが活動することが必要であったり、事務や経理の専従スタッフがいなかったり、多岐にわたる仕事をせざるを得ない状況がうかがえる(図2-6)。

図2-6
スタッフの仕事(%)

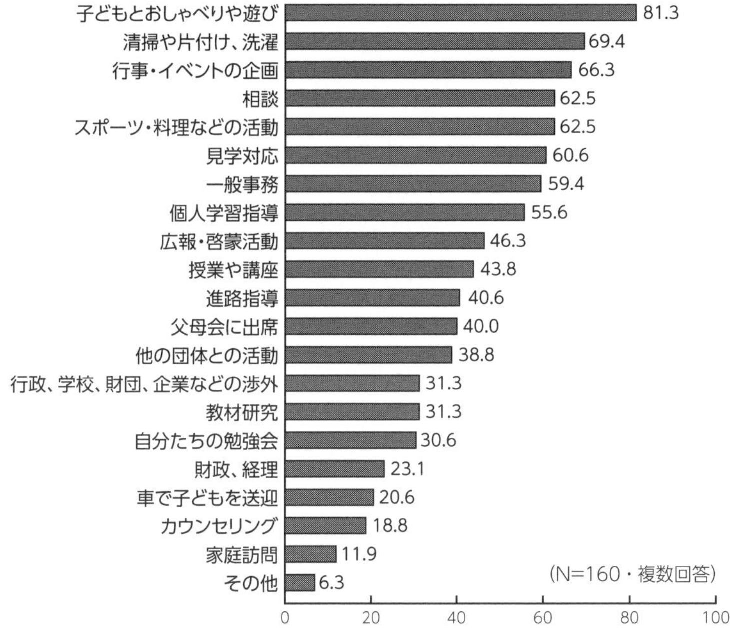

(4)子どもとの関係

スタッフの多くは、苗字にさん付け(34.6％)、ニックネーム(32.1％)と合わせると66.7%が先生と呼ばれていない。子どもとの活動のつくり方では、子どもとスタッフで一緒に話し合い、両者で決めているが一番多く68.8%、子どもたちが決定し、スタッフはそれに協力するやり方が基本になっているの12.5%を合わせると、81.3%が子どもの意思を尊重し、子どもと協力しながら活動をつくっていっている様子がわかる。ユニセフの論理的な指導者を長年務めたR.ハートの子どもの参画についての理論では「子どもが主体的に取りかかり、子どもが指揮する」という段階の上に「子どもが主体的に取りかかり、大人と一緒に決定する」が置かれている(R.ハート『子どもの参画』萌文社、2000)。フリースクールでは高次の子ども参画が実現していると考えられる。

(5)スタッフであること

スタッフを経験して良かったことについて聞いた質問では、やりがいがあるが81.6%、次いで、子どもが明るく元気になる姿を見ることができるが71.7%と大きな手応えを得て、充実感を持っている様子がわかる。一方、困っていることも多く深刻である(図2-7)。トップにあるのは団体の財政(40.9%)である。給与・待遇も37.1%と2番目になっている。やることが多い(26.4%)、将来が不安(20.1%)、必要な経費が出ない(15.1%)、長時間労働(11.3%)などはフリースクールの財政やスタッフの待遇に関するものだ。他にも対応が難しい子ども(30.8%)、学校、地域、行政との関係(25.8%)、親への対応の仕方(14.5%)など様々な課題に直面している。

図2-7

スタッフとして困っていること(%)

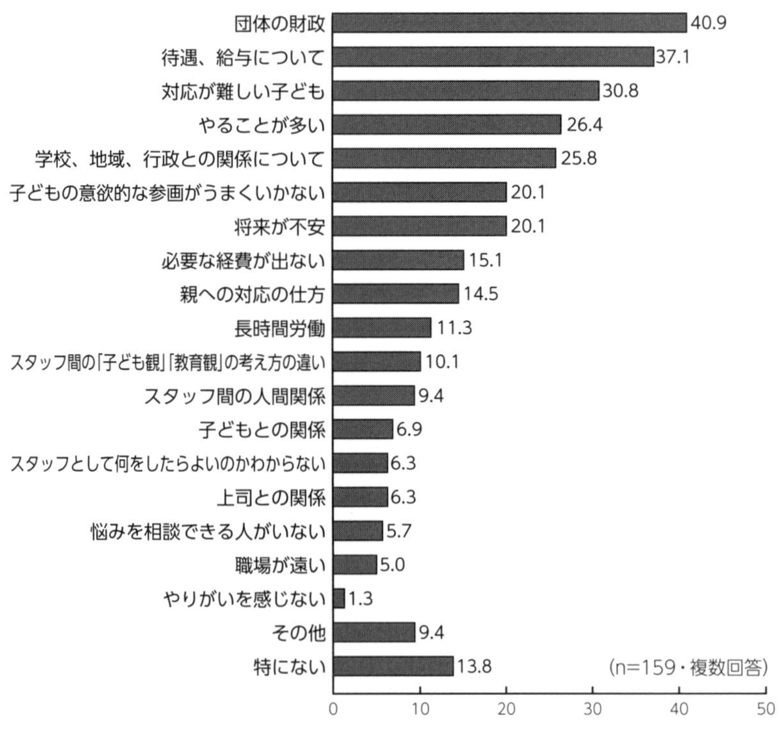

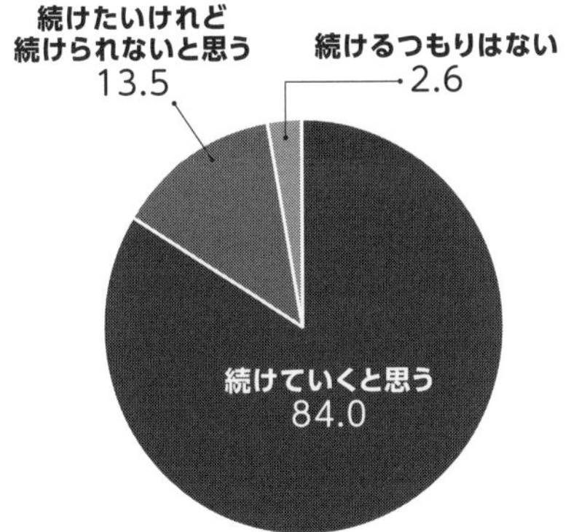

今後スタッフを継続するかという問いでは84.0%のスタッフが厳しい状況、待遇の中継続の意志を示していることは頼もしい。しかし、「続けたいけれど続けられないと思う」「続けるつもりはない」と考えているスタッフは若いスタッフほど比率が高い傾向がみられる。この分析は第3章4に詳しい。

3 子ども調査

図3-1
子どもの学年(%) (n=78)

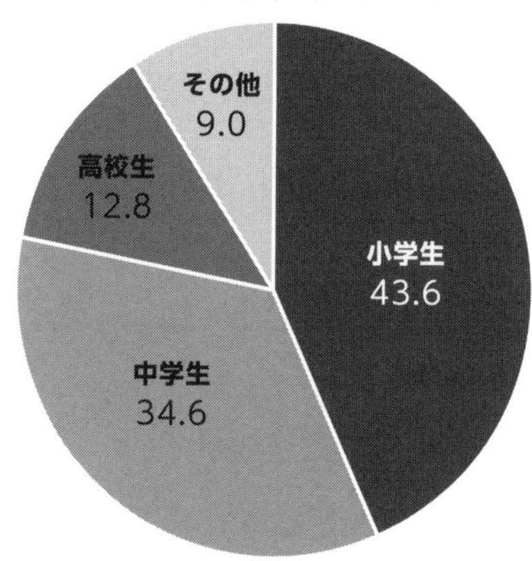

(1)子どもの属性

この調査に答えている子どもは43.6%が小学生、中学生が34.6%と義務教育年齢で78.2%を占めている。概ね保護者調査と重なる結果となっている(図3-1)。

在籍期間は1年以下(21.0%)、2年以下(22.2%)、3年以下(22.2%)が多く、3年以下の合計は65.4%と3分の2ほどになる。5年より長い子どもは18.5%である。保護者調査より少し在籍が長い子どもが調査に応じている。通う日数は5日以上が最も多く42.0%である。保護者調査では5日以上は31.3%である。子どもが1日当たりフリースクールにいる時間では7時間以上が44.3%で最も多かった(保護者調査では23.2%)。在籍期間や活動時間も長く、よく通ってきている子どもの方が調査への協力を頼みやすいということかもしれない。

(2)フリースクールへの入会

子どもがフリースクールを知るきっかけは、親経由が76.5%と突出している。他はどんぐりの背比べ程度ともいえるが、保護者調査の結果とある程度重なっている(表3-1)。

表3-1
フリースクールを知ったきっかけ(%) (複数回答)

	子ども(N=81)	保護者(n=289)
親から聞いた	76.5	—
インターネットで知った	4.9	51.9
友人、知人から聞いた	3.7	18.7
教師から聞いた/学校で聞いた	3.7	2.8
集会、イベントで聞いた	2.5	3.5
相談機関の人から聞いた	1.2	3.5
親の会で聞いた	—	3.5
スクールカウンセラーから聞いた	—	2.1
新聞、TV、ラジオで知った	0.0	2.1
病院で聞いた	0.0	2.1
子どもが自分で調べてきた	—	1.7
本や雑誌で知った	0.0	1.7
その他	7.4	3.8

フリースクールに入った理由の上位で3割以上のものは、楽しそうだから(66.7%)、強制がないから(45.7%)、ゆっくりできるから(34.6%)、どこか行く場所がほしかったから(32.1%)であった。フリースクールに入る時に親から何らかの条件を課されたか聞いた問いでは、75.3%と大多数の子どもが親からの条件は無かったと答えている。ほとんどが5%に満たない中、1割前後の回答があったのは規則正しい生活をする(11.1%)と勉強をする(9.9%)であった。

また、子どもがフリースクールに入る前に行ったところでは、他のフリースクール、フリースペース(28.2%)、医療機関(26.9%)、教育支援センター (17.9%)が上位にきた。それぞれの選択肢の数値が低いのは、そもそも現在籍を置くフリースクールに通う前にどこにも行っていないという子どもが35.9%と最も多くなっているからである(図3-2)。親は学校の相談室に54.9%と行っていたり、病院にも49.6%、教育相談所・教育相談センターにも36.7%と子どもに比べると数値が概ね高くなっている。

図3-2
フリースクールに入る前に行ったところ(%)

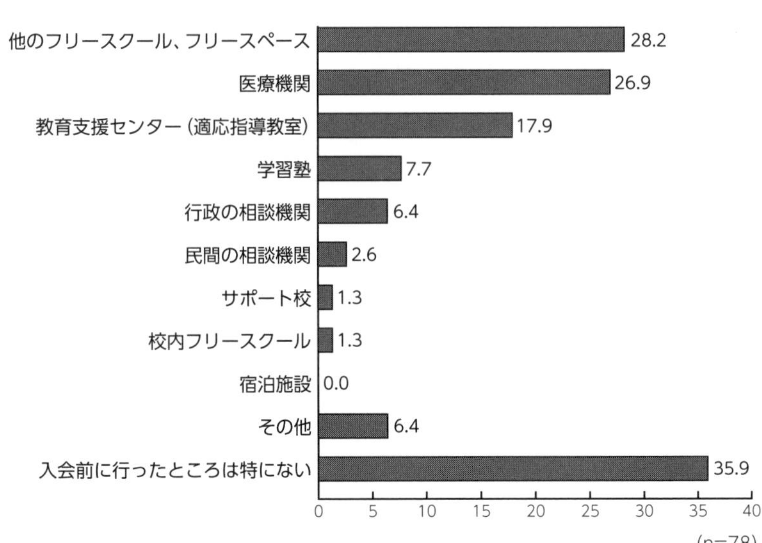

(3)フリースクールでの活動

フリースクールへ通う手段で最も多かったのは、家の人に車で送ってもらう(32.1%)であった。電車の27.2%が続いた。通うのにかかる時間は30分までが57.5%と保護者調査と近い数値となった。交通費の払い方では、都度支払っているが38.7%で最も多く、学割定期券の利用者は29.0%だった。19.4%は通勤定期を購入していた。ここには高校年齢の子どもたちが含まれていることが考えられる。87.7%とほとんどの子どもが午前中にフリースクールに着いていた。

フリースクールで主にしていることについての設問では、大きくは保護者調査と一致する傾向を示している。やや子ども調査の方が数値が大きくなっている。子ども調査で保護者調査より特に大きく出た項目は、趣味の時間を持つであった。反対に保護者調査の数値で子ども調査よりも大きく出たのは、体験活動であった(表3-2)。

表3-2

フリースクールで主にしていること(%) (複数回答)

	子ども(N=81)	保護者(n=288)
友達と話す	82.7	73.3
友達と遊ぶ	74.1	64.6
スタッフと話す	61.7	73.3
趣味の時間をもつ	60.5	39.9
スポーツをする	39.5	34.0
講座・授業に出る	37.0	35.8
体験活動	32.1	52.8
個人学習をする	30.9	34.4
漫画や本を読む	29.6	30.6
実行委員会・サークル活動	16.0	9.4
(悩み事などを)相談する	8.6	12.2
ミーティングに参加する	ー	31.3
その他	7.4	16.3
特に何もしない	0.0	0.7

フリースクールと並行して通っているところについては子ども調査でも保護者調査でも質問している。並行して通っているところはあまり多くない。大きな傾向は違っていないが、子どもと保護者で違っているのは、子ども調査では習い事が多く、保護者調査では医療機関が多くなっている(表3-3)。この調査では子どもと保護者がペアリングされていないため同じ世帯の子どもと保護者という分析はできない。そのような制約もあり細かな数字の解釈は難しい。

表3-3
フリースクールと並行して通っているところ(%) (複数回答)

	子ども(n=53)	保護者(n=202)
習い事	28.3	10.9
小中学校の教室	20.8	16.8
医療機関	15.1	25.2
通信制高校	11.3	6.4
学習塾	7.5	12.4
保健室・別室登校	7.5	8.9
教育支援センター	5.7	6.9
他のフリースクール、フリースペース	5.7	10.9
アルバイト	5.7	3.0
サポート校	1.9	1.0
行政の相談機関	1.9	8.4
民間の相談機関	1.9	3.0
定時制高校	1.9	1.5
ボランティア	1.9	2.5
普通高校	0.0	0.5
高認予備校	0.0	0.0
専門学校	0.0	0.0
放課後等デイサービス	―	6.9
通級・特別支援学級	―	2.0
その他	15.1	4.5

子どもがどのように勉強しているのかについても子どもと保護者に聞いている。子ども調査の回答の多い順に整理したのが次の表3-4だ。自分で自宅で勉強したり、フリースクールで勉強しているという回答が子ども調査でも保護者調査でも上位を占めている。学校や公的機関で勉強している子ども、塾や予備校で勉強している子どもは少ない。自宅に学校の教師が来て勉強しているというケースは、この項目に回答している子ども・保護者合計370票のうちわずかに2票であった。フリースクールでICT機器を使っていると答えた子どもは87.7%で、

フリースクールでのICT機器の普及がかなり進展していることがわかる。ICT機器の活用については第3章5を参照されたい。

表3-4

どのように勉強しているのか(%) (複数回答)

	子ども(N=81)	保護者(n=289)
自宅で個人学習	51.9	45.0
フリースクールの講座・授業で	40.7	31.5
フリースクールで個人学習	35.8	28.7
特に何もしていない	16.0	15.6
自宅でその他の人と	9.9	1.0
小・中学校や教育支援センターで	6.2	8.7
塾・予備校で	4.9	9.0
自宅で家庭教師と	2.5	2.4
通信制・定時制高校で	2.5	4.2
自宅で学校の先生と	0.0	0.7
自宅で家族・親族と	—	5.9
校内フリースクールで	—	0.3
放課後等デイサービスで	—	1.4
オンライン学習サービスで	—	2.4
その他	2.5	4.8

フリースクールではスタッフの存在が重要であると言われる。子どもとスタッフの関係を表すものの一つに、子どもがスタッフをどう呼ぶのかがあると言われる。最も多かったのは、ニックネームで、次いで名字にさん付けという結果となった。先生という学校で一般的な呼称は2割に満たなかった。フリースクールではスタッフは教師と違った存在として子どもから認識されているところが多く、それが呼称にも表れているものと考えられる(図3-3)。

図3-3
スタッフの呼び方(%)

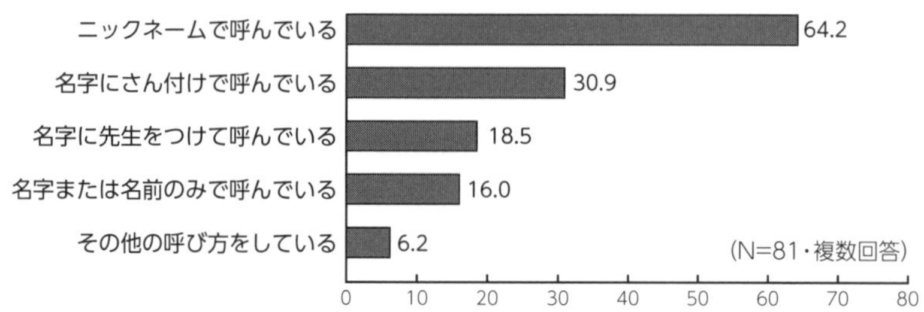

子ども調査ではスタッフに対する印象・気持ちを聞いている。それぞれの項目について「そう思う」「ややそう思う」の合計を集計した。全ての項目が9割以上となった。しかも半数が96%を越えており非常に高い数値となっている。子どもがとらえたフリースクールのスタッフは優しく、話しやすく、話を聞いてくれ、強制せず、一緒に考えてくれる存在と言ってよい数字である(図3-4)。

図3-4
スタッフに対する印象・気持ち(%)

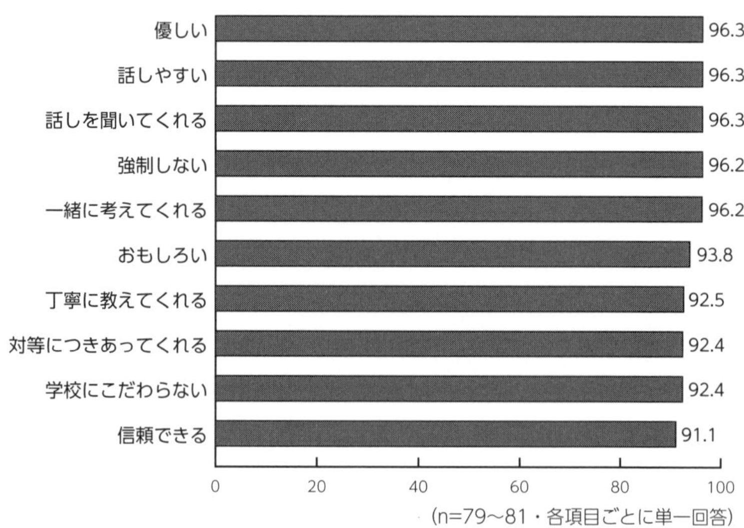

フリースクールの団体としての意思決定についての問いでは、子どもと大人で対等に話し合い、両者で決めているが48.1％で最も多く、次いで、子どもたちが決定し、大人はそれに協力するやり方が基本になっているが40.7％になっており、88.8％が子どもが主体となり団体の意思決定を行っていると答えている。前の問いのスタッフへの高い評価と繋がっている。

(4)悩み・進路・要望

フリースクールでもっとできたらいいことを聞いた。最も多いもので3割程度にとどまっている。上位にきたものは表現、体験活動、スポーツなど経験を豊かにするものが幅広く並んだ。学校等で主とされているような教科学習や保護者が関心を持つ職業訓練などはそれほど高い数値にならなかった(図3-5)。

図3-5
フリースクールでもっとできたらいいこと(%)

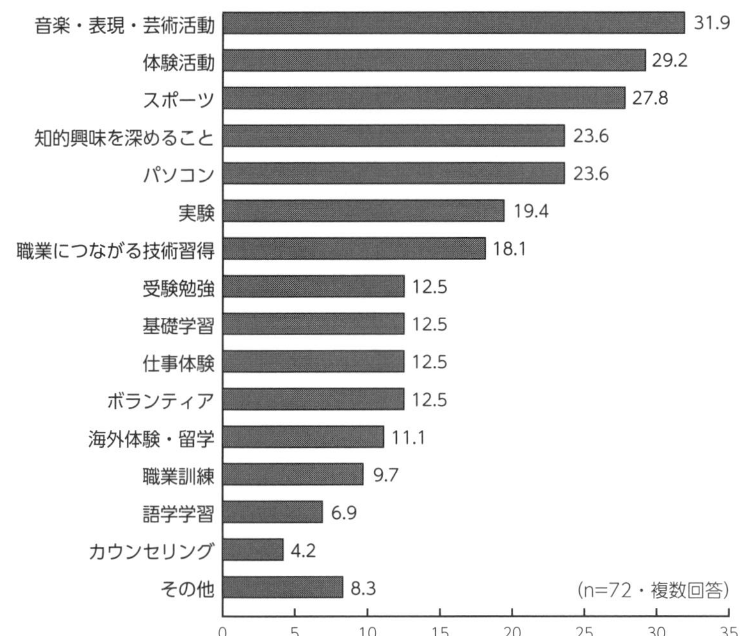

フリースクールにあった方がいい設備を聞いた設問に対する答えの数値はさほど高くない。様々な工夫で活動をしていることが考えられる。ここで選択されているものは、現在のフリースクールに無くてほしいものである。ここに並んでいる設備は一般の学校のことを考えると特別なものはない。このような設備を備えることのできないフリースクールの現状が現れている(図3-6)。

図3-6
フリースクールにあったら良い設備(%)

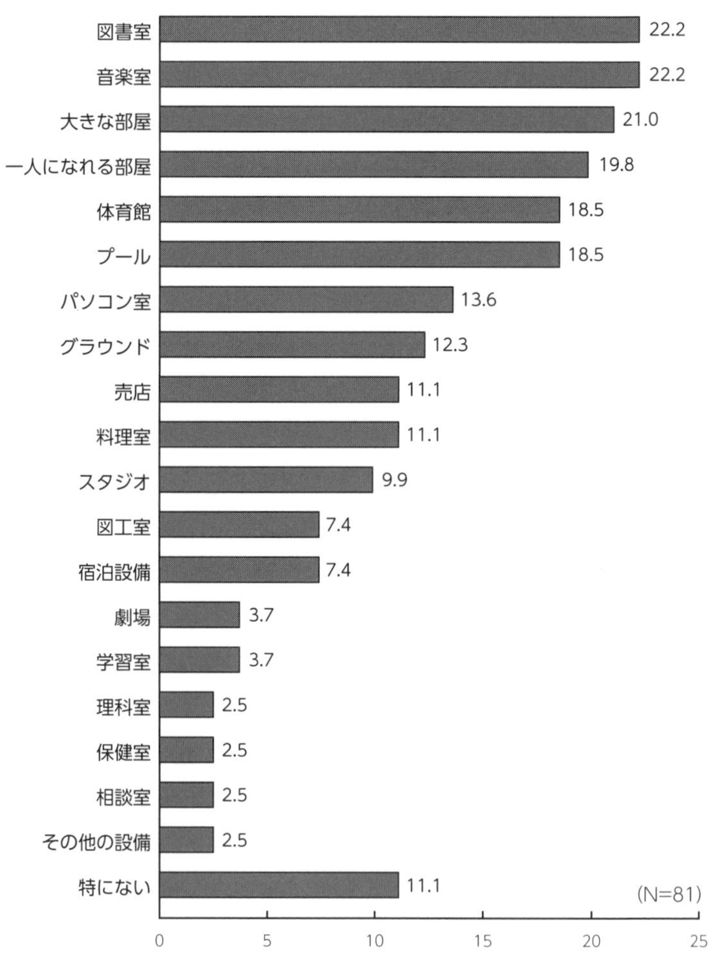

現在子どもが悩んでいることの上位３つは進路・進学に関係するものであった。フリースクールでは自分の関心や意思を尊重される環境であるが、そのフリースクールを卒業した先に待つ社会に対する悩みがあるということが考えられる。自分自身についての悩みは親が想像する子どもの悩みでは２番目に多くなっていたが、子どもの調査では４番目になっている(図3-7)。

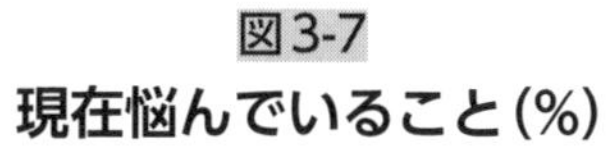
図3-7
現在悩んでいること(%)

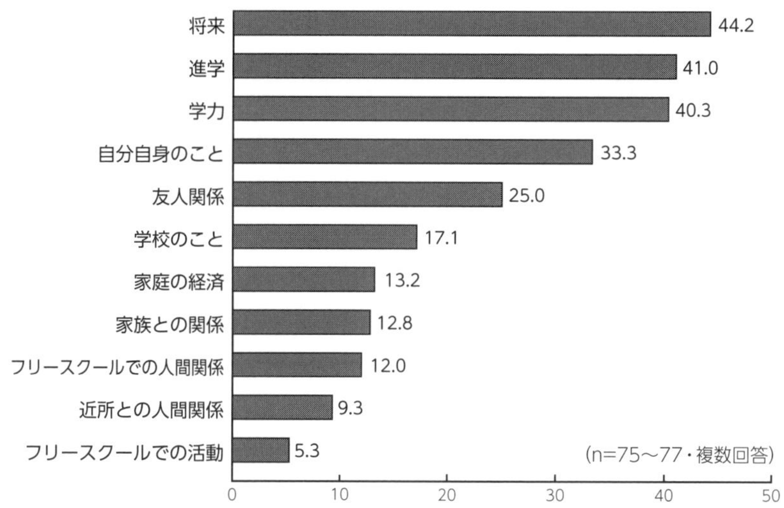

子どもがフリースクールに望むことの上位に並んでいる項目は、子どもから見たフリースクールの内容の充実や通いやすさを改善するものである。保護者調査のトップであった会費の値下げは、子ども調査でも５番目に入っている。子ども調査でも最も多かったのは、改善点は特にないという意味の「特にない」であった(表3-5)。

表3-5
フリースクールに望む改善点(%) (複数回答)

	子ども(n=78)	保護者(n=285)
開室時間を延長してほしい	23.1	15.8
会員が増えてほしい	20.5	12.3
場所が近くなってほしい	19.2	13.0
活動を充実させてほしい	15.4	8.1
会費を下げてほしい	14.1	25.6
開室日数を増やしてほしい	11.5	12.3
スタッフの人数を増やしてほしい	11.5	12.6
活動をおもしろくしてほしい	10.3	—
子どもにとって居やすくしてほしい	7.7	6.3
スタッフの質を高めてほしい	6.4	4.9
通うための奨学金がほしい	5.1	18.9
もっと子どもの意見を取り入れてほしい	3.8	1.4
もっと自由にしてほしい	3.8	0.7
資格がもらえるようにしてほしい	3.8	2.8
もっときまりがほしい	1.3	1.1
会員が減ってほしい	1.3	1.4
もっと厳しくしてほしい	—	0.4
保護者の参加の機会を増やしてほしい	—	4.6
もっと保護者の意見を取り入れてほしい	—	1.8
保護者の参加の負担を減らしてほしい	—	1.8
その他	3.8	6.0
特にない	30.8	35.1

行政に対する要望はフリースクールに対する要望よりも全体的に数値が大きくなっている。特にフリースクールに対する財政支出を求める声は50.6%と全体の半数を超えている。また、学校に行くことを当然視しないでほしいというものも45.6%と全体の半数近くなっている。保護者の数値と並べると小さく感じられるが、同様の傾向を示している。さらに、保護者の数値の方が子どものそれより大きい傾向も見受けられる(表3-6)。

表3-6

行政への要望(%) (複数回答)

	子ども(n=79)	保護者(n=289)
フリースクールにお金を出してほしい	50.6	83.0
学校に行くのを当たり前と考えないでほしい	45.6	69.6
フリースクールの設備を整えてほしい	29.1	56.4
公共施設を無料で貸してほしい	26.6	25.3
高等部の会員も学割定期券を使えるようにしてほしい	12.7	27.3
いろんな情報を提供してほしい	11.4	33.6
公共施設を優先して使わせてほしい	8.9	13.1
その他	3.8	18.0
わからない	8.9	1.7
特にない	16.5	2.4

(5)フリースクールに入って

フリースクールを出た後の進路では、進学・受験が、次の趣味を深めるの3倍以上の35.8%と際立っている。保護者が考える子どもの進路とも重なる結果が出ている(表3-7)。

表3-7

フリースクール後の進路(%) (複数回答)

	子ども(N=81)	保護者(n=287)
進学・受験	35.8	38.0
趣味を深める	9.9	3.5
わからない	8.6	—
元の学校へ戻る	7.4	3.5
就職	6.2	5.2
アルバイト	6.2	1.7
海外留学	2.5	1.0
ボランティア活動	1.2	—
資格をとる	1.2	—
その他	1.2	2.8
まだ考えていない(と思う)	19.8	34.1
子どもがどう考えているのかはわからない	—	10.1

フリースクールに通う理由の上位には楽しい、友達がいる、安心できるなど、子どもたちが子ども期に求めていることが並んだ。やりたいことができる、いろんな人に会える、自分に合っているという回答も、個々の多様性を尊重し、それぞれの在り方に沿ったフリースクールならではの内容である。仕方なくというようなニュアンスのものは数値が小さかった(図3-8)。

図3-8

フリースクールに通う理由(%)

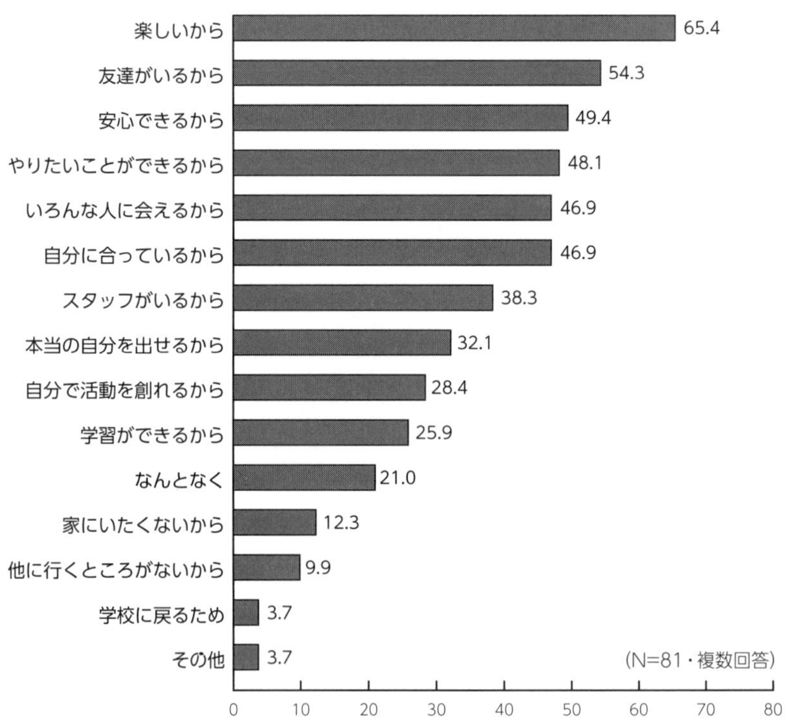

フリースクールに入っての変化では、4割を超える回答が約半数を占めた。不登校を経験した子どもは自分自身を友達がいない、学校に行っている子が知っていることを知らない、学校に行けない自分はダ

メだ、など否定的な言葉を口にすることが多い。この結果は、そのような否定感を小さくしていくことが、フリースクールに通うことでできていることがわかる(図3-9)。

図3-9
フリースクールに入っての変化(%)

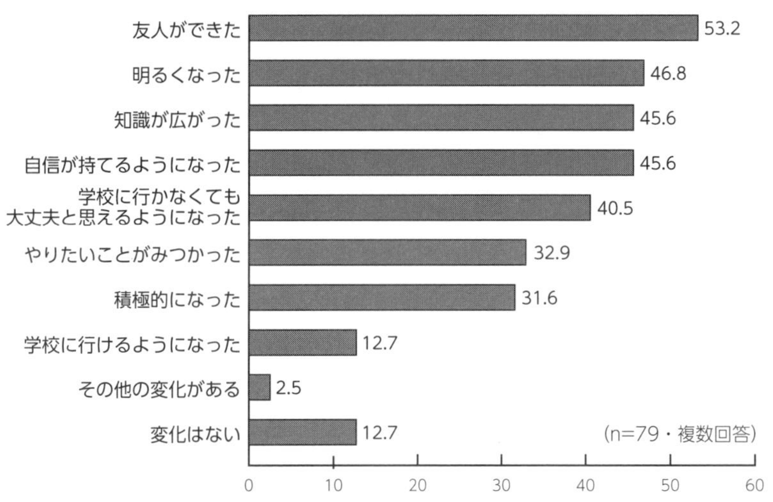

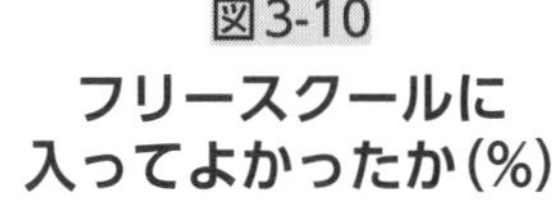
図3-10
フリースクールに入ってよかったか(%)

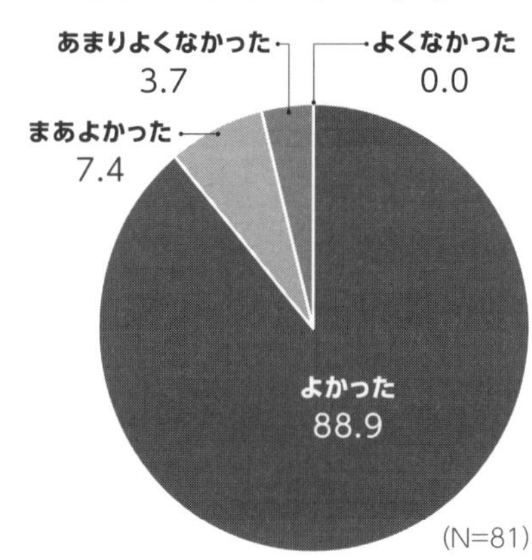

フリースクールでの生活については、楽しい(71.6%)、まあ楽しい(22.2%)を合計した数字は93.8%と高い数値となった。フリースクールに入ってよかったかの質問にはよかったが88.9%、まあよかった(7.4%)を合わせるとほとんどの子どもがと言っていいような96.3%の非常に高い数値が出た(図3-10)。

4 保護者調査

(1)保護者とその子どもの属性

保護者調査に回答しているのは90.3%とほとんどが母親である。回答した保護者の多くは64.6%と40代がかなりの割合を占めた。次に多かった50代(22.8%)と合わせると87.4%となった。回答した保護者の子どもの年齢は6歳から29歳と幅が広いが、小学生が最も多く46.7%、中学生が36.8%と次いで多く、義務教育年齢の合計で83.5%を占めた。子どもの性別は男性が63.5%とやや多かった。多くの調査で不登校の子どもの性別は男性が多く出る。この結果も重なっている。

この調査の回答者の子どもが現在在籍するフリースクールに入会した年は2010年から2022年に及ぶ。最も多いのは調査前年の2021年(31.9%)、次いで2022年(25.5%)、2020年(15.2%)と調査から2年半以内に72.6%が集中した。この結果は退会者の在籍期間の結果とも重なるものである。

(2)フリースクールでの活動

フリースクールを知ったきっかけで多かったのはインターネットが51.9%で、次いで友人、知人からが18.7%である。この二つが突出しており、他の選択肢はどれも5%以下となっている(図4-1)。入会理由で最も多かったのは、子どもが「通いたい」と言ったからで66.8%だった。以下4割を超えたものを多い順に紹介すると、スタッフが信頼できたから(57.1%)、楽しそうだから(50.2%)、フリースクールの理念に共感したから(47.8%)、外に出るきっかけを作りたかったから(46.0%)、どこかに通って欲しかったから(44.6%)となった。子どもの意思による1番目以外は、フリースクールの良さ、不登校の子どもに必要なことなどの数値が大きい傾向が見て取れる。

図4-1
フリースクールを知ったきっかけ(%)

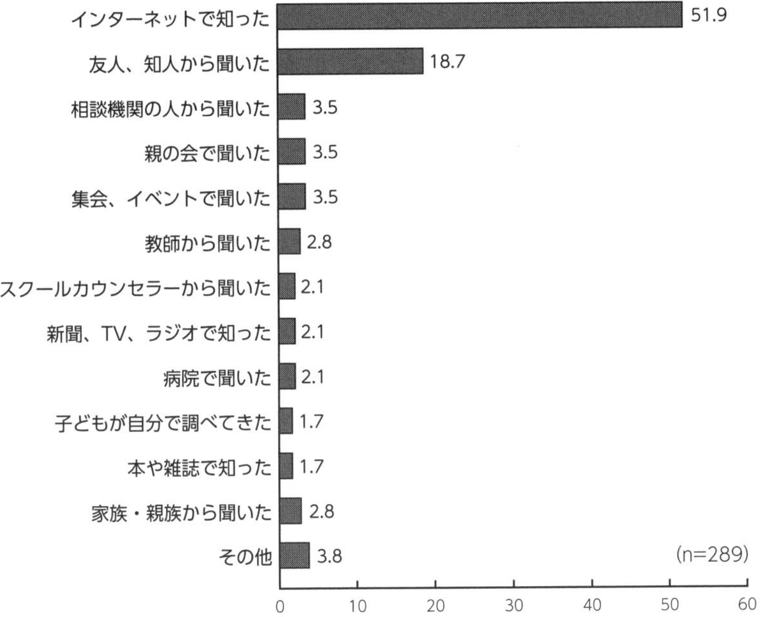

子どもがフリースクールに入るにあたって親が子どもに条件を出したかどうかを聞いているが、77.2%の親が条件を出していないと答えている。10%を越えたのは規則正しい生活をする(10.4%)だけだった。

フリースクールに入る前に関わった機関を見ると、3割を超えるものは多い順に、学校の相談室(54.9%)、病院(49.6%)、教育相談所・教育相談センター(36.7%)、他のフリースクール・フリースペース(36.4%)、教育支援センター・適応指導教室(30.3%)となる。学校の相談室、教育相談所・教育相談センター、教育支援センター・適応指導教室など学校や教育行政が運営しているところが多い。病院が2番目に多かった(図4-2)。

図4-2
現在のフリースクール以前に関わった機関・団体(%)

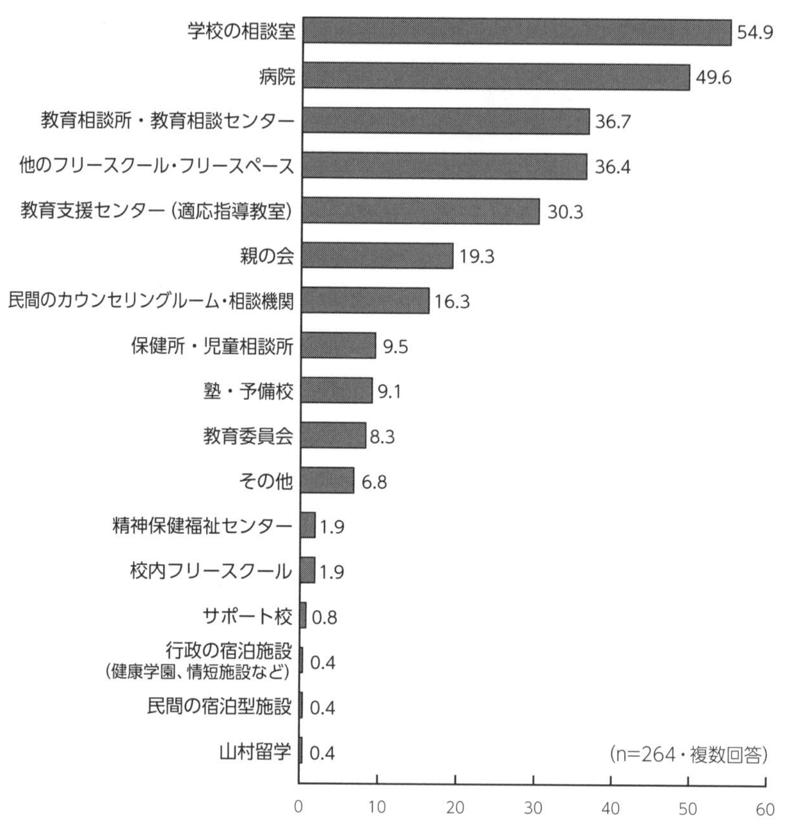

子どもが通っているフリースクールの開室日は68.7%が1週間に5日以上開室しており、団体調査と重なる結果となった。自分の子どもがそのうち何日通っているかという問いでは、週に3～4日が最も多く36.3%、次いで5日以上の31.3%と通う日数が多かった。この調査はフリースクールに対して送付されており、フリースクールから保護者に配られている。子どもがよく通っている親に配られるというバイアスが生じている可能性もある(図4-3)。

図4-3
子どもが1週間に通う日数(%)

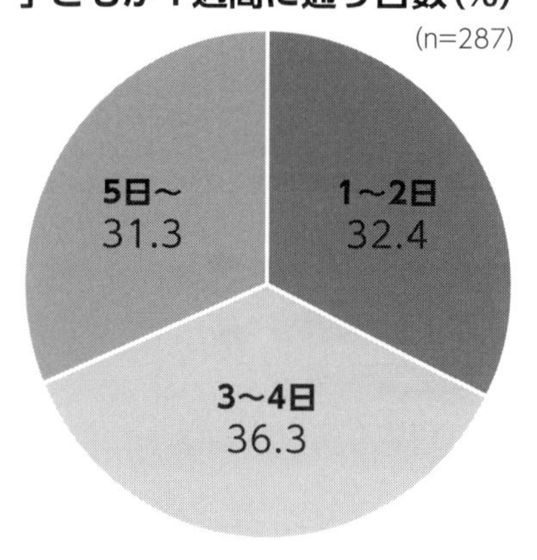

子どもがフリースクールに着く時間は午前中が最も多く、82.9%となっている。子どもがフリースクールでしている活動についての保護者の認識も聞いている。友達と話す、スタッフと話すが最も多く共に73.3%となった。友達と遊ぶ(64.6%)、体験活動(52.8)%も5割を超えた。他にも、授業、スポーツ、趣味、漫画・本を読むなど様々な活動をしていると親たちは認識している。子どもが特に何もしていない、あるいは子どもの様子はわからないという回答はほとんどなかった。フリースクールの活動でのICT機器の活用については75.0%の親が活用していると答えている。第3章5に詳述されている。

子どもがどのような形で学んでいるかについての問いで1割を超える回答があったものは、多い順に、自宅で個人学習(45.0%)、フリースクールの講座・授業(31.5%)、フリースクールで個人学習(28.7%)、特に何もしていない(15.6%)となった。個人学習をするものが最も多かった。フリースクールの授業や講座や個人学習で学んでいる子どもも多い。特に何もしていないという回答は、不登校経験を踏まえて理解する必要がある。不登校を経験する過程で、通うことがとても負担だが、通うのは当然と子ども本人が思っていたり、家族からのプレッシャーを感じたりして無理をして学校に通う時期を持つ子どもは多い。底をつきそうなエネルギーを振り絞って何とか登校し、疲れ果てているというような経験をすることがある。この期間が長期に及ぶと長期に休息を取らざるを得ないことがある。確保法にも明記されているが休息する必要がある子どもたちがおり、その子どもたちがその意思を尊重され、その状況に即して過ごしているということが考えられる。新しい動きであるオンライン学習サービスは2.4%にとどまり、校内フリースクールは0.3%と現時点では非常に小さい数値となった(図4-4)。

図4-4
子どもの学習形態(%)

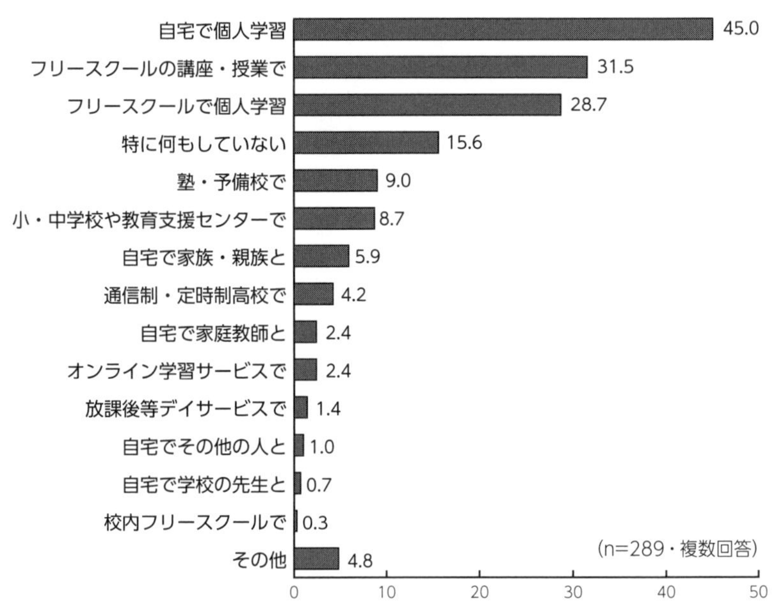

フリースクールと並行して子どもが通っているところについて聞いたところ図4-5のような結果となった。医療機関が最も多かった(25.2%)。日本児童青年精神医学会の公式見解でも、あるいは医学部で使われている教科書にも不登校は病気ではないとされており、不登校により経験する心身の症状などで受診していることなどが推測できる。フリースクールに籍を置きながらも小中学校の教室(16.8%)、保健室・別室登校(8.9%)など、在籍校に何らかの形で通っている子どもは少なくない。一般の小中高の学校では二つの学校に同時に通うことはできないが、10.9%の子どもたちは複数のフリースクールに通っている。また、各種の高校、アルバイトなどの数値が小さいと感じら

れるフリースクール関係者もいると思うが、この調査に回答している保護者の約半数は子どもが小学生であることが影響していると思われる。高校年齢の子どもが多いフリースクールでは違った結果になることが予想される。

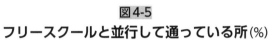

図4-5

フリースクールと並行して通っている所(%)

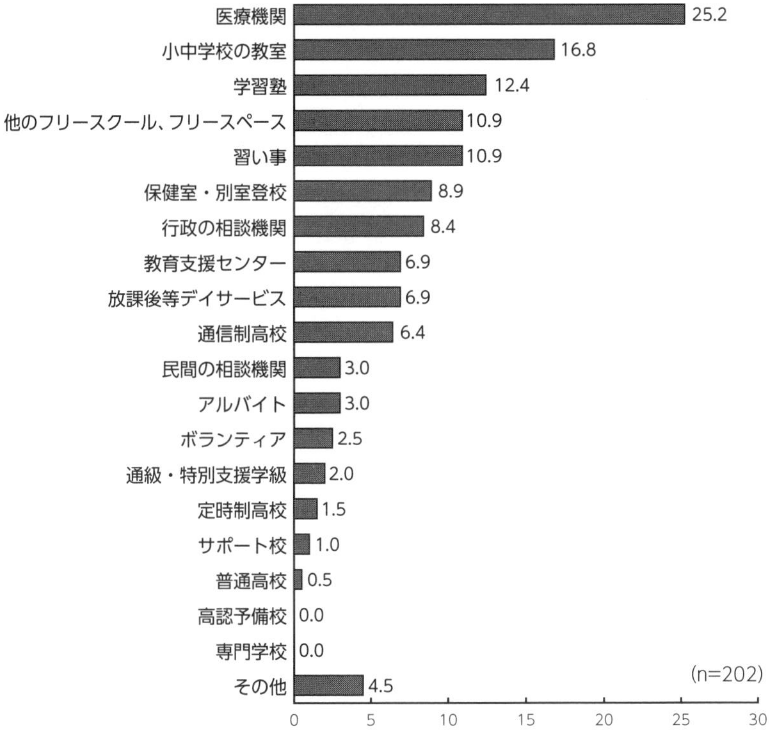

医療機関 25.2
小中学校の教室 16.8
学習塾 12.4
他のフリースクール、フリースペース 10.9
習い事 10.9
保健室・別室登校 8.9
行政の相談機関 8.4
教育支援センター 6.9
放課後等デイサービス 6.9
通信制高校 6.4
民間の相談機関 3.0
アルバイト 3.0
ボランティア 2.5
通級・特別支援学級 2.0
定時制高校 1.5
サポート校 1.0
普通高校 0.5
高認予備校 0.0
専門学校 0.0
その他 4.5
(n=202)
0 5 10 15 20 25 30

フリースクールに通う交通手段では41.9%が電車と回答しており、突出している(図4-6)。通うのにかかる片道の時間では30分までが60.4%にのぼり、近くに住んでいる子どもが多い様子がうかがえる。回答者の子どもが小学生が多いことの影響が考えられる。交通費の支払い方では、学割定期を購入しているのは34.8%で、最も多かったのはその都度支払っているという回答で49.6%だった。学割定期を買わない理由で多かったのは、定期で割安になるほどの日数通っていないというものだった(45.9%)。学校が証明書を出してくれない(16.5%)、手続きがよくわからない(4.7%)、学校とやり取りをしたくない(1.2%)という数字も出てきており、大きくはないとはいえこのような数字があることが遺憾な状況である。この制度があることを知らされてすらいない。学割定期券が使えることを知らなかったという回答が5.9%もいることは問題である(図4-7)。

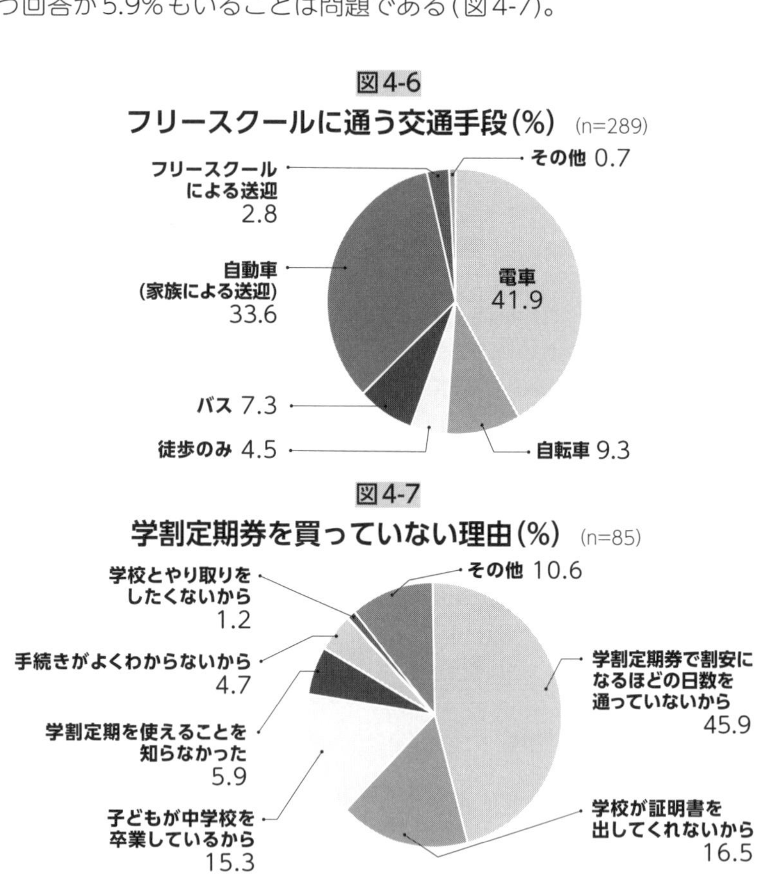

図4-6
フリースクールに通う交通手段(%)

図4-7
学割定期券を買っていない理由(%)

フリースクールでの意思決定について保護者にも質問している。最も多かったのは、子どもと大人で話し合い、両者で決めているというもので54.4%と半数を超えた。次いで子どもが決定し、大人はそれに協力するというものが38.7%とこの二つで9割を超えた。

フリースクールの会費の妥当性については、3分の1にあたる保護者が「高いが負担するのは仕方ない」(33.5%)としている。できれば安くしてほしいは25%にとどまり、先の仕方がない、妥当、もっと高くした方がいいという現状、あるいはそれ以上の費用負担を受け入れる回答は75%となり、費用負担が妥当であるとしている(図4-8)。

保護者の運営への関わりで最も多かったのは、スタッフや経営側がおおむね決定しているというもので71.2%だった。しかし、保護者が経営や運営の討議に参加している比率が3割近いという数値は高い。しかも19.4%は討議するだけでなく決定にも参加している。

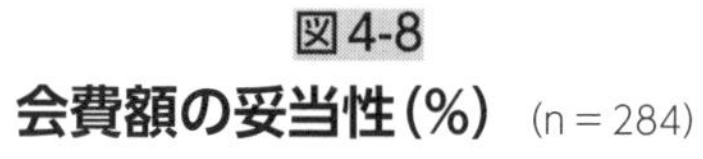
図4-8
会費額の妥当性(%) (n=284)

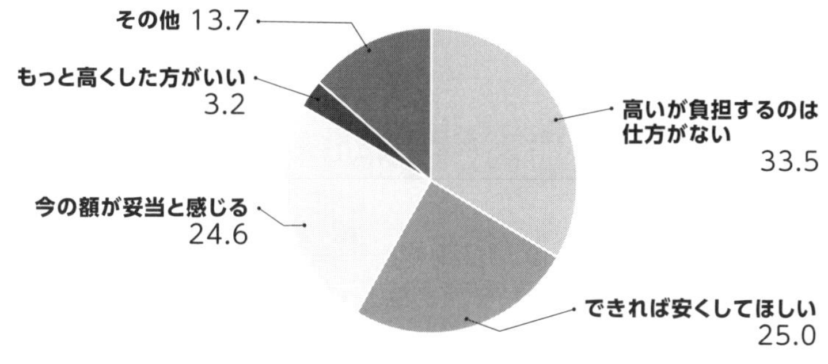

図4-9
運営への保護者の関わり(%) (n=278)

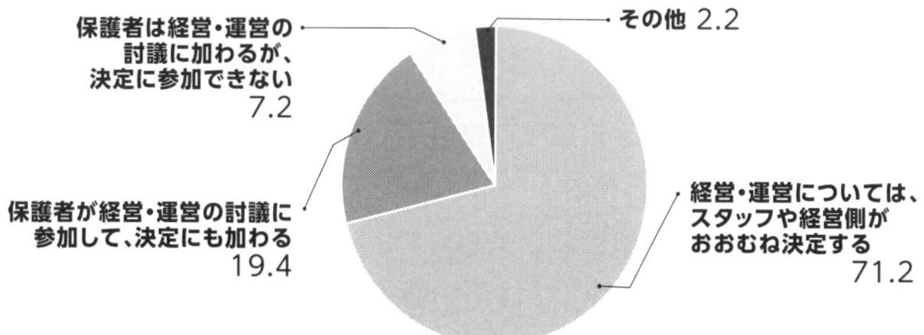

(3)悩み・進路・要望

悩みについては、保護者から見た子どもの悩みと親自身の悩みを、ほぼ同じ項目で別々に親に聞いている。親の悩みで多かったのは、将来のこと(52.8%)、進学のこと(50.0%)、家庭の経済的なこと(45.2%)、学力について(42.5%)が4割を超えた。進学など子どもの将来に関する項目と家庭の経済に関するものが上位に並んだ。「将来」、「進学」、とりわけ「家庭の経済的なこと」については子どもより保護者自身が悩んでいるという数値の差が表れている。逆に子どもが保護者より悩んでいると保護者が思っているのは「(子ども)自分自身のこと」だった(表4-1)。

表4-1

親から見た子どもの悩み・親の悩み(%)

(n＝271 ～ 284・各項目に付き単一回答)

	子ども	保護者
将来のこと	40.8	52.8
進学のこと	35.6	50.0
家庭の経済的なこと	11.0	45.2
学力について	35.4	42.5
学校のこと	30.0	30.9
自分自身のこと	36.7	28.9
家族との関係	11.1	18.4
友人関係	20.1	17.8
子どもの気持ちがわからない	―	14.2
フリースクールでの人間関係	8.4	9.1
フリースクールでの活動について	4.4	8.7
近所の人との人間関係	7.4	6.5

進路について保護者が望んでいるのは、自分の好きなことを探してほしいが最も多く、59.9%だった。次に多かったのは、子どもの好きなように自由に生きてほしい(43.3%)であり、どちらも子どもの生き方を尊重する考えとなっている。一方、早期の学校復帰を望む、

次の学年からは行ってほしい(1.7%)、学校にできるだけ早く戻ってほしい(1.0%)はかなり小さな数字になっている。(図4-10)

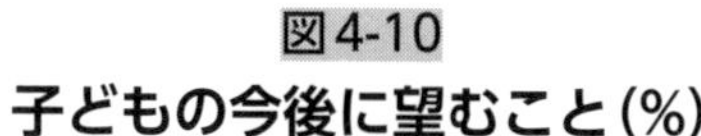
図4-10
子どもの今後に望むこと(%)

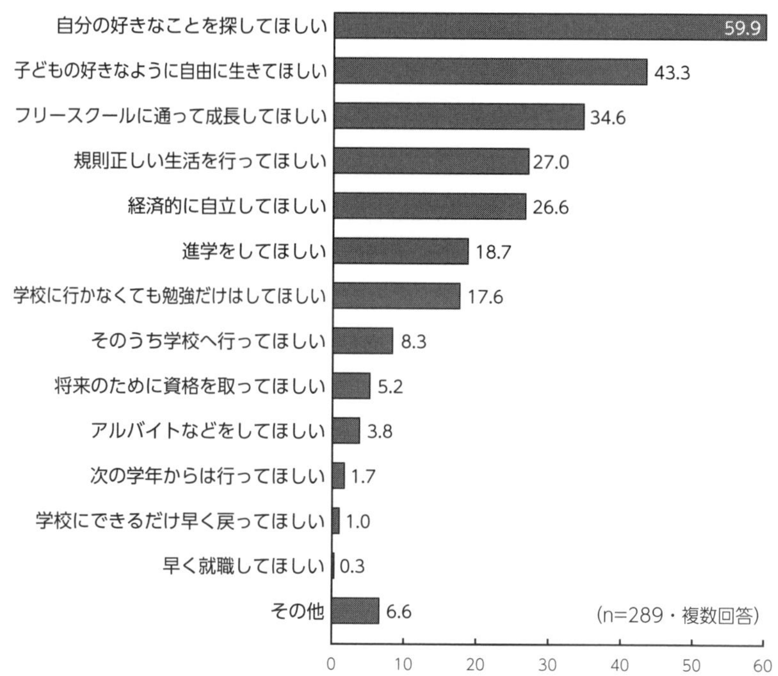

保護者から見た、フリースクールに通うことで子どもにとってよかったと思うことは、子どもに居場所ができたこと(81.4%)、元気になったこと(64.6%)、明るくなったこと(57.9%)、友達ができたこと(53.3%)が過半数を超えた。一方、保護者自身についてよかったこととしては、情報が入るようになった、保護者自身が相談できるようになったが5割前後であった。総じて保護者は子どもの肯定的な変化があったという項目で高い数値が出ており、親は情報や相談という不登校などについての対応に関する肯定的な変化で高い数値が出ている(表4-2)。

表4-2

保護者から見て子どもにとってフリースクールに通ってよかったこと/保護者にとってよかったこと(%)

	子ども(n=285)	保護者(n=288)
子ども・保護者に居場所ができた	81.4	19.1
子ども・保護者が元気になった	64.6	37.8
子ども・保護者が明るくなった	57.9	24.7
子ども・保護者に友達・信頼できる仲間ができた	53.3	25.7
子ども・保護者が意欲的になった	43.2	18.4
子どもと保護者の関係がよくなった	29.5	—
子どもが健康になった	29.1	—
子ども・保護者に情報が入るようになった	27.0	51.4
子ども・保護者が相談できるようになった	26.7	49.0
子どもにやりたいことが見つかった	19.6	—
子どもが勉強するようになった	13.3	—
子どもが学校に戻れた、戻れそう	4.9	—
子どもと保護者以外の家族との関係がよくなった	—	19.8
保護者と子ども以外との家族との関係がよくなった	—	14.9
よいことは特にない	—	8.3
その他	14.4	16.7

保護者がフリースクールに望むことは総じて控えめである。最も多かった回答が「特にない」(35.1%)であった。控えめな数字の中で最も多かったのは「会費を下げてほしい」(25.6%)、「通うための奨学金がほしい」(18.9%)で経済的負担の軽減を望むものだった。しかし、先に見たように、フリースクールの会費について、安くすることを望む回答は4分の1に過ぎず、ほとんどが理解を示していた。この会費を下げてほしいには、フリースクールに対する要望だけでなく、行政でも民間支援団体でもフリースクールを支援して、結果として会費を下げてほしいという要望も含まれている可能性があるのだろう。フ

リースクールに通うことに対する行政からの助成は全国的には非常に少なく、多くの親は自助努力するしかない状況を反映している。

図4-11

フリースクールに改善してほしいこと(%)

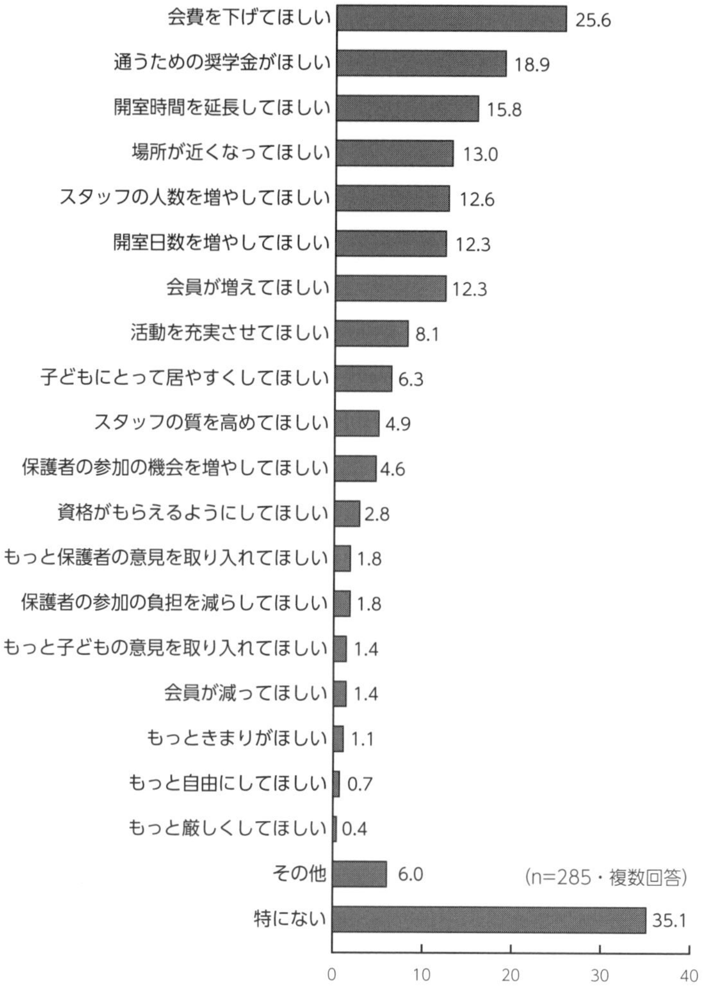

会費を下げてほしい	25.6
通うための奨学金がほしい	18.9
開室時間を延長してほしい	15.8
場所が近くなってほしい	13.0
スタッフの人数を増やしてほしい	12.6
開室日数を増やしてほしい	12.3
会員が増えてほしい	12.3
活動を充実させてほしい	8.1
子どもにとって居やすくしてほしい	6.3
スタッフの質を高めてほしい	4.9
保護者の参加の機会を増やしてほしい	4.6
資格がもらえるようにしてほしい	2.8
もっと保護者の意見を取り入れてほしい	1.8
保護者の参加の負担を減らしてほしい	1.8
もっと子どもの意見を取り入れてほしい	1.4
会員が減ってほしい	1.4
もっときまりがほしい	1.1
もっと自由にしてほしい	0.7
もっと厳しくしてほしい	0.4
その他	6.0
特にない	35.1

(n=285・複数回答)

0 10 20 30 40

行政に対する要望で際立って多かったのはフリースクールへの財政支援であった。83.0%という数値は極めて高い割合である。フリースクールの会費を下げることが望まれているが、フリースクールがスタッフの人件費などをぎりぎり切り詰めている事情を保護者たちはある程度知っていると考えられる。次は、約7割の保護者が選んだ、学校に行くことを当たり前と考えないでほしいである。文科省は学校復帰にこだわらないとして何年も経つが、保護者たちは体感としてそのように感じていない。学校復帰から社会的自立支援へと舵が切られ、2016年には確保法も成立しているが、現場にはその考え方が周知されていない様子がわかる。高等部の学割定期券、公共施設の無料使用など金銭的な負担を減らす項目が多いことは切実である。また、情報提供を求める項目を3分の1の保護者が選択していることは、必要な人に必要な情報が提供されていない状況を表している。不登校のことを学校で相談しても、フリースクールや親の会などの情報は教えてくれなかった、同じクラスの他の不登校家庭のことも知らせてくれなかったなどの声は現場ではよく聞かれるものだ。

図4-12
行政への要望(%)

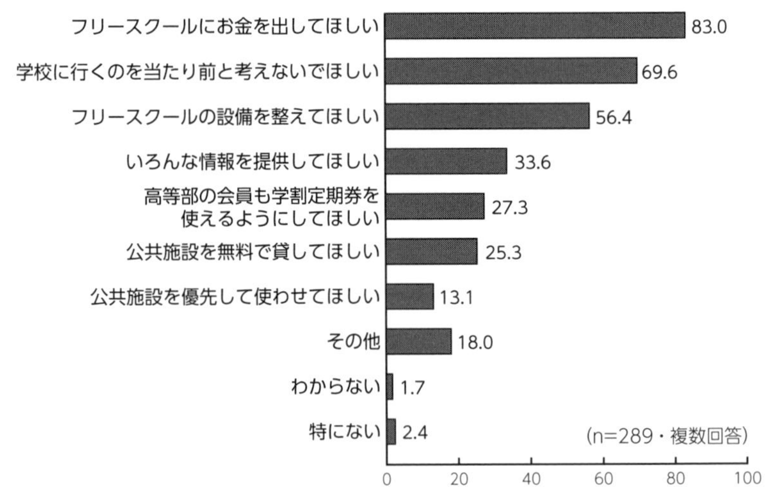

図4-13
保護者にとって子どもがフリースクールに通ってよかったか(%)

(n=285)

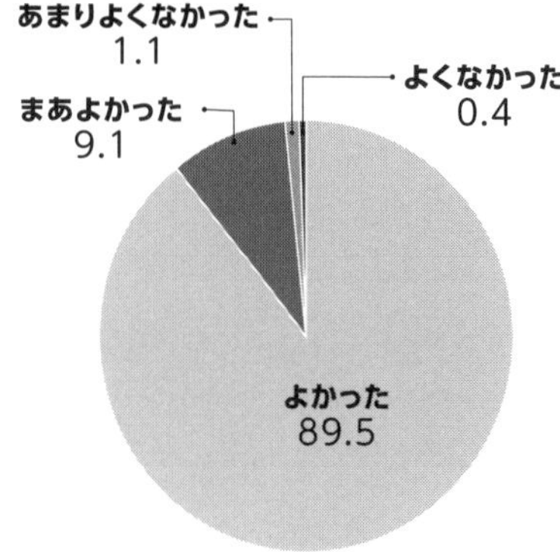

(4)子どもがフリースクールに通ってよかったか

保護者にとって子どもがフリースクールに通ってよかったかという問いでは、よかった(89.5%)、まあよかった(9.1%)と合わせて、よかったとする回答は98.6%と非常に高い数値となった。回答したほとんどの保護者が、子どもがフリースクールに通って満足している。

第3章

委員の視点から見る フリースクールのいま

1 「不登校」理解の変容と現在

2 フリースクールの経営と現場で生まれている学び

3 フリースクール等の運営形態の変化

4 海外のフリースクールから見た
日本のフリースクール・2003年調査からの変化

5 フリースクールにおけるICTの活用のこれから

「不登校」理解の変容と現在

加瀬 進
東京学芸大学社会科学講座教授・こどもの学び困難支援センター長

(1)はじめに～こどもに対する大人と社会の役割

2016年の児童福祉法改正によって[※1]、次に示すように「全ての児童」は「児童の権利に関する条約（以下、児童権利条約と記す）の精神」に則った権利を有することが高らかに謳われた（児童福祉法第一章総則第一条）。

「全て児童は、児童の権利に関する条約の精神にのっとり、適切に養育されること、その生活を保障されること、愛され、保護されること、その心身の健やかな成長及び発達並びにその自立が図られることその他の福祉を等しく保障される権利を有する。」

この「声明」ともいえる条文は2022年（令和4）年6月に成立した「こども基本法」にも引き継がれ、まず第一章総則第一条(目的)において子どもの権利を実現する国の責務等について次のように記された。

「こども施策に関し、基本理念を定め、国の責務等を明らかにし、及びこども施策の基本となる事項を定めるとともに、こども政策推進会議を設置すること等により、こども施策を総合的に推進することを目的とする。」

そして「こども基本法」第三条（基本理念）では①基本的人権の保障・差別の禁止、②生命生存、発達に対する権利、③意見表明権、④子ど

※1　直近の改正は2022年(令和4年) 6月8日

もの最善の利益、⑤家庭養育の基本、⑥子育て環境の整備、の6点が児童権利条約の精神に則って定められたとされている[※2]。

では、1989年11月20日に国連総会で採択され、1994年4月22日に日本が批准した「児童権利条約」の「精神」とはいったい何をさすのであろうか。この点については多くの議論や解説があるが、筆者はあえて「大人と社会の役割」に焦点をあて、第1部第3条[※3](児童に対する措置の原則)の「意訳」を紹介することをもって、この「精神」の理解としたい。すなわち二人の中学生(当時)小口尚子・福岡鮎美による「子どもの権利の実現に向けた大人の役割に対する意見表明」とも言える意訳である[※4]。ここでは3項ある中から第2項を引用しておこう。

「お父さんやお母さんやそれに代わる人、そのほか子どもに“しなきゃいけないこと”がある人、そんな人たちみ――んなが力を合わせて、ぼくら子どもが幸せになるように、護ったり、育てたり、そのほかいろいろしてくれる。国はその人たちと協力して、ぼくらを守るためにできることは全部してほしい(ルビは省略：筆者補注)。」

児童権利条約に日本が批准してから30年余り。現実には命が軽んじられ、学びと社会参加の機会が損なわれ、あるいはまた、既存の制度とは異なる(と同時に脆弱な基盤を余儀なくされている)選択肢を積極的・選択的に選ぶ子どもたちが増え続けている。

「フリースクール」はこうした文脈の中に立って「大人の役割」を果たそうとし、「社会の役割」を強く提案してきた。その到達点や課題はいかなるものなのであろうか。本白書では2022年度調査結果として紹介させていただくことになるのだが、それに先立って2003年度調査

※2　増沢高(2022)「「こども基本法によって何がかわる？(前編)」東京学芸大学こどもの学び困難支援センターHPより。https://suretgu.com/20221028/446/

※3　外務省総合外交政策局人権人道課(2007)児童の権利に関する条約

※4　小口尚子・福岡鮎美(1995)『子どもによる　子どものための　「子どもの権利条約」』小学館

(『フリースクール白書〜日本のフリースクールの現状と未来への提言』2004年3月)の結果とそれ以降の施策概要を俯瞰しておこう。

(2) 2003年調査の結果〜外部評価委員による読み方・捉え方

同調査報告書には外部評価委員3名(山下英三郎(SSW論、他)、喜多明人(子どもの権利論、他)、汐見稔幸(教育学、教育人間学))のコメントが寄せられているが、不登校理解の視点としても、今回の2022年度調査結果をどう読み込み、どう捉えるかという視点としても大変示唆的である。そこでデータ量としては少ないが文単位でコーティングを行って整理したところ、おおよそ5つの分類が得られた。

①肯定的評価

この点については共通して「子どもの負荷の少なさ(楽しさ、気軽さ、友人関係、スタッフとの対等性、選択の自由等)」「子どもの参加」という観点からの評価と、「学校改革のモデル」としての評価が指摘されている。例を挙げれば次のようである。

「友達とのかかわりを持つ、つながる」というのが活動の中身で、それが「楽しい」ということの中身にもなっていて、「楽しい」ということと友だちと「つながる・つきあう」ということが一体のモノとしてフリースクールの存在感になっている。」

「今日の学校改革の基本は「参加」。参加型の学校共同体づくりというのが、学校改革の目標に据えられていますが、フリースクールはいち早くその体制に入っている。特にフリースクールでは人事権まで保護者や子どもが関与しているのにビックリしました。ここまで踏み込んで参加型のフリースクール作りを進めているのは貴重ですし、学校が目指そうとしているところです。」

②経済的負担

周知のごとく、当時における子ども・保護者の「経済的負担」が、そもそもフリースクールの利用制約になっていることが明示されている。

「経済的な問題について、例えば会費の滞納や経済的な理由での退会といった問題は難しくて、経済的に困窮な状況にある家庭については、フリースクールで学ぶという機会が社会的に保証されておらず、そこをどうしていくか、という問題がありますね。」

この点は後述するフリースクールの定義における「公共性」の問題とも深く関わってくる問題であろう。

また、運営上の制約という面からも大きな影響があり、とりわけ当時のスタッフ処遇の劣悪さに対して次のようにコメントされている。

「固定給が出せる団体も少なく、その中でも10万円以下で生活する人が多いですが、これでは生存するのは難しいでしょう。スタッフに関しては、最大の問題は身分保証についてです。」

③公共施設利用の制約

この問題は当時の財政、社会的認知、公共性にかかわる帰結の一つとも言えるのではないだろうか。

「施設の問題として、体育館やプールを使いたくても使えないということがあり、利用しやすくなるように働きかけをしていくことが望ましいですよね。日本でも公的な施設を優先的に使えることを保証するよう運動を広げていく形があるかな、と思います。」

④社会的認知

情報不足、すなわちフリースクールという選択肢があるということ自体の周知がなされておらず、子ども、保護者が選択肢としてのフリースクールを知らない、という意味での社会的認知（周知）と、そうした情報が学校や教育行政から得られていない、いわゆる公私の断絶に象徴される社会的認知（承認）という二つの側面がある、という指摘である。

「子どもや親の判断基準になる「学校だけではない、選択肢がある」といった情報がまだまだ十分発信されていなくて、課題と思いました」

ここで注目しておきたいのは社会的認知（承認）にかかわる「判断基準」というタームである。筆者も先年、フリースクールの自己評価・第三者評価の研究を行ったが[※5]、教育機会確保法によって再浮上してきたと言える「選択に値するフリースクール」情報という問題に直結する論点がすでに指摘されていたという事実である。

⑤フリースクールの定義

まず、次の一文を例示したい

「いつかフリースクールが文字通りもうひとつの学校となる日が来ると思っていますが、一つの方向性として、オルタナティヴスクール、もう一つの教育の場を目指すのか、市民的に制度化された学校を目指すのか、自主的な学校と言えばいいのか。どういう方向を目指すのかということを議論するためには、定義がやはり大事だと思います。」

外部評価委員のコメントに明確な定義が示されているわけではないのだが、20年が経過した今日的問題としても次の投げかけは重く受け止める必要があるだろう。

※5　2019年度文科省受託研究報告書「フリースクールとの支援の在り方に関する調査研究」報告書－自己評価と相互評価/第三者評価－、研究代表者：加瀬進（オープンアクセス～http://www.we-collaboration.com/mt/post-1.html）

「従来の学習塾や営利団体がフリースクールと称する活動とどう違うか、混然したままでいいのか、ある程度整理をした方がいいのか、今後論議が必要になっていくのではないでしょうか。」

同様に「公共性」の問題〜これは経済的負担や社会的認知の問題と深く関わると考えるが、定義の問題に含めて考えたいところである。

「中でも大事なのは公共性ということですよね。社会的に「もう一つの学校、教育の場」というふうに胸を張っていくためには、公共性を持っていなければいけないわけです。」

ところで、筆者は教育機会確保法や昨今の通知に通底する「必ずしも再登校を目指さない」というフレーズが一人ひとりにあった「学び」の未保証、さまざまな「体験」の不足を放置したままの状況を生み出さないか、という危惧を有している。この点に関わって、異なる表現とはいえ、2003年調査で次のようなコメントがあったことを記しておきたい。

「今では「自由だ」というと「人と関わらなくていい」という方向に行ってしまいます。日常的に学生とつきあう立場から、友だちと関わることで楽しく生きていきたいという、フリースクールの子どもたちの声にとてもホッとします。」

以上、2003年度調査に対するコメントを概観してみた。今回の調査でどのような変化を読み取れるのか。その点は第2章に譲ることとしよう。

(3)不登校施策－20年の軌跡

2003年といえば、1992年の「学校不適応対策調査研究協力者会議

(1992)『登校拒否(不登校)問題について：児童生徒の「心の居場所」づくりを目指して』が「登校拒否(不登校)」を「どの子にも起こりうるもの」と規定して以来、次のステップとして「登校拒否(不登校)」を教育(学校)のみならず、福祉や司法等との協働において考えようとする契機になった年とされている(保坂2019)※6。その方向性を明示したのが「不登校問題に関する調査研究協力者会議(2003)『今後の不登校への対応の在り方について(報告)』であるが、不登校の要因や背景は多様であって「教育上の課題としてのみとらえることが困難な場合がある」と提言したのであった。

さて、2003年度調査はこうした動向の中で行われた。それが明らかにしたことのポイントは前項で取り上げたところであるが、不登校は誰にでも起こりうるものであり、その要因や背景は多様であって、多職種協働による支援の必要性が提起された時期のものであった。

今回の2022年度調査は、いくつかの公的な調査や社会的にも注目された事件と併走しながら一連の調査研究協力者会議報告書、不登校に関する通知等を経て「2022年通知」と「生徒指導提要(改訂版)」が著されたのと同年度に実施されたものである。表1はその間の関連諸施策を時系列にそって列挙したものであるあるが、紙幅の関係で詳述が許されない。そこで2022年6月に出された「不登校に関する調査研究協力者会議報告書」の「おわりに」の全文を引用することで、少なくとも、この20年間の「理念上の変化」を示しておくことにしたい。

「全ての不登校児童生徒は自らの中に大きな可能性を秘めている。休養する中で考え抜いたことが将来の糧となる場合もあるだろうし、「人にSOSを出す」ことが社会的な自立のきっかけになる可能性もある。そこに至る過程は、児童生徒によって様々であるが、子供たちの学びたい、体験したい、自分を認めて欲しいという子供の意思や主体性を尊重する姿勢を持ち続ける理解者が存在し、児童生徒が自らの意思で

※6　以下、本節は保坂亨(2019)『学校を長期欠席する子どもたち〜不登校・ネグレクトから学校教育と児童福祉の連携を考える』明石書店、第7章に依拠している。

その後の人生選択を自信をもってできるような「安心感」を醸成していくことも大切な支援であろう。また、教育機会確保法の理念の下、多様な価値観を認め、様々な選択肢を整備していくことも、将来を担う子供たちを支える社会全体の責務であると考える。そのためには、国や教育委員会、学校や教職員も変わっていかなくてはならないし、社会の不登校に対する認識も変えていかなくてはならない。不安や悩みは児童生徒や保護者だけで抱え込まずに、まずは様々な教育機関、相談機関等に伝えていただきたい。助けを求めることは恥ずかしいことではなく、人間が健全に生きていくためにも必要なことであり、具体的に助けを求めることが、適切な支援へつながる第一歩となる。今後も子供たちが豊かな人生を歩んでいけるよう、不断の努力を続けていくことが必要である。」

表1

2003年度以降の関連諸施策

『フリースクール白書～日本のフリースクールの現状と未来への提言』2004年3月
文部科学省(2004)現在長期間学校を休んでいる児童生徒の状況及び児童虐待に関する関係機関等への連絡等の状況について(調査)
文部科学省(2004)現在長期間学校を休んでいる児童生徒の状況等に関する調査結果とその対応について(通知)平成16年4月15日16初児生第2号
多様な学び保障法を実現する会が2012年7月8日設立(2022年7月23日解散)
文部科学省(2015)「児童生徒の安全に関する緊急確認調査」
不登校に関する調査研究協力者会議(2016)「不登校児童生徒への支援に関する最終報告書：一人一人の多様な課題に対応した切れ目のない組織的な支援の推進」(調査)
「義務教育の段階における普通教育に相当する教育の機会の確保等に関する法律(教育機会確保法)」(2016年12月14日公布、2017年2月完全施行)。
文部科学省(2017)「義務教育の段階における普通教育に相当する教育の機会の確保等に関する基本指針」
文部科学省「不登校児童生徒への支援の在り方について」(通知)2019年10月25日、元文科初第698号
不登校に関する調査研究協力者会議(2022)不登校に関する調査研究協力者会議 報告書
文部科学省「不登校に関する調査研究協力者会議報告書～今後の不登校児童生徒への学習機会と支援の在り方について～」(通知)2022年6月10日、4初児生第10号
文部科学省(2022)生徒指導提要(改訂版)

(4)おわりに～不登校理解から子どもの権利理解へ

「はじめに」の中で児童権利条約の精神に則ったとされる「こども基本法」の理念を記した。本節では取り上げなかったが2022年には児童福祉法の大きな改正もあり、「子どもの権利」を実現するための具体的な取り組みが明示されている。しかしながらこれらから照射したときに、2022年に出された「不登校に関する調査研究協力者会議 報告書」、「不登校に関する調査研究協力者会議報告書～今後の不登校児童生徒への学習機会と支援の在り方について～（通知）」および「生徒指導提要（改訂版）」の内容はそれぞれ折重なりながらも、異なる面があって、その検討が必要である。また、今回の2022年度調査はフリースクールを利用している本人、保護者のニーズと、それに応えようとしてきたフリースクールの現在をできるだけリアルに捉えようとするものではあるが、「不登校調査」そのものではないことにも留意しておきたい。本調査結果を活かすためにも、その意義と限界双方を理解しておく必要がある。

しかしながら、だからこそ「児童権利条約」の４つの原則と４つの権利を確認し※7、不登校というよりも子どもの権利理解の視点と捉え、それが私たちおとなの使命であることを共有して、本節を閉じることとしたい。

【4つの原則】

①差別の禁止（差別のないこと）

②子どもの最善の利益（子どもにとって最もよいこと）

③生命、生存及び発達に対する権利（命を守られ成長できること）

④子どもの意見の尊重（意見を表明し参加できること）

【4つの権利】

①生きる権利　②育つ権利　③守られる権利　④参加する権利

※7　Unicefホームページより（https://www.unicef.or.jp/about_unicef/about_rig.html）

フリースクールの経営と現場で生まれている学び

江川 和弥

寺子屋方丈舎 理事長／フリースクール全国ネットワーク 代表理事

(1)この20年のフリースクールを取り巻く状況の変化

①20年前(2002年)不登校問題調査協力者会議

「不登校への対応の在り方について」文科省(2003年)の中で文科省は、不登校が過去最多であった126,226人であったことを受けて、どの子も不登校になりうるとはいえ、個に応じた対応を行うようになっていった。具体的には、スクールカウンセラー、スクールソーシャルワーカーの導入が行われた。文科省は、前年に開催された「不登校問題調査協力者会議」をふまえて、「どのような支援を必要としているのか正しく見極め(「アセスメント」)を行い，適切な機関による支援と多様な学習の機会を児童生徒に提供することが重要であること。その際には，公的機関のみならず，民間施設やＮＰＯ等と積極的に連携し，相互に協力・補完し合うことの意義が大きいこと。」と書かれている。ここで初めて民間施設との連携が言われた。さらに、フリースクール等の民間施設で指導を受けている場合の、指導要録上の出席の取り扱いについてもガイドラインで示されている。

ただ、文科省では、学校を中心とした子どもの教育、成長を根本として位置付けているために、対象を「学校復帰への指導」をする民間施設であることを明記している。その後、この問題は現在までも大きな影響を及ぼしている。それは、教育機会の確保法案成立(2016年)以降も、フリースクールに通う児童生徒の指導要録上の出席扱いは7割程度にとどまっている(※フリースクール全国ネットワーク内部調査)。フリースクールに通う不登校の子どもではなく、初めから学校教育以外の教育を志向する、シュタイナーやモンテッソーリ、サドベリー等の教育に対してはいまだに、指導要録上の出席扱いにならないという問題も残している。そもそも初めから学校教育を受ける意思がないということを問題視している。

ともあれ、不登校の児童生徒の数は今日まで増え続けてきており、不登校を減少させる等の取り組みの多様化も図られているように見えるが、「学校中心」「学校復帰」を前提として学校教育現場を「指導」し「管理」していくという教育行政のあり方は大きく変化していない。

2016年N高校が設立された（学校法人角川ドワンゴ学園）。広域通信制高校としては、最大の生徒数であり、S高校と合わせて、全国最大の23,013人（2022年9月）の生徒が在籍している。2019年からはN中等部も設立され、学校教育法に基づかない学び場として首都圏を中心に展開し、オンラインでの学習も行われている。

この動きは、私立の通信制高校の在籍が少子化の中で年々増加し続けており、164,548人（2021年）で、前年比108.6%増。この数字にもあらわれているように全日制高校ではすでに、学校に行けなくなった生徒は、通信制高校への転校を行うことで、進路変更をしており、高等学校の卒業資格を通信制高校で取るということはもはや、あたり前になってきている。

しかし、義務教育段階での、不登校児童生徒は、フリースクール等に通学し、学んだり支援を受けていながら同時に、現籍校にも学籍をおくという、いわゆる「二重籍」の問題を抱えている。N中の特徴として、「学校復帰」を目標とはせずに、大学進学などを目的に学習をしている。

フリースクールでも通信制高校の学習センターを併設しているところが多くある。在籍者からも大学進学者や就職者も出してきている。フリースクール側は、これまで不登校の親が設立した団体も多くあったので、不登校の問題に苦悩する親の相談や、教育観を柔軟に変容させながら、親が変化し、その変化が子どもたちの行動変容を促してきたという背景がある。保護者は学校に行かない子どもたちと向かい合い続けることで、自らの価値観を問いつづけてきた。不登校の子どもたちは「学校に行きたくても、行けない」という言葉に象徴されるような、社会から逸脱したくて、積極的に学校に行かなくなったわけではない。むしろ、学校に行きたい強い気持ちを抱えながらも、通えなくなった。私たちフリースクール関係者は、「消極的な選択」としての不登校への理解を強めていった。子どもたちも、保護者も公教育を敵視しているわけではない。フリースクール運動は、学校教育制度の多様化や複線化を模索してきた。教育機会の確保法の制定は、その一歩であると考えている。

N中は、フリースクールのように学校外の学びの場であるが、学校制度を意識していない。彼らは自らを「プログレッシブな学びの場」(N中等部ホームページより)であると定義している。「自らが実現したい目的を実現する場であり、目的を見つける場である」ので、進学もその選択肢の一つであるとしている。中学校在籍者(不登校ではない)も在籍できるので、あえて不登校の問題を取り上げることも少ない。社会課題としての不登校問題を解決するというよりも、学校教育の中で実現できない目的志向型の学びを実現していく学び場である。

不登校問題を考え、本人と学校教育の間で葛藤しつづけてきたフリースクール関係者からすれば、その学びや目的は新鮮に映った。不登校という問題に正面から答えているというよりも、現在の学校教育が取り残した課題解決を学校外で行う学びと捉えられる。オンラインでの授業も行われ、全国どこからでも参加できることも含めて、既存の学校教育に加えた学びを志向する生徒にとっては、可能性を拓くものだと思っている。学習の目的が明確である子どもにとっては学びやすい場所かもしれない。まだまだ目的が見つからない生徒、学校との関係で苦しんでいる生徒には、丁寧なフォローや支援が必要とされている場合に自分と他者との関係や、「生きる」ことの意味、学ぶことの価値を自らが問い、答えながら人が成長していく、フリースクールのような実践が行われているかどうか？ については活動のヒアリングも行う必要を感じる。

②「フリースペース」が減少した背景を考えてみる

今回の調査では、前回と比べて大きく違うのが、前回調査で21.7%あったフリースペースが、今回は2.2%まで減少したことを、大きな変化として私たちは捉えている。今回の調査で運営がNPO法人が、前回23.3%から42.6%に増えた。個人の運営者が38.3%から19.1%に減った。親の会や任意団体の運営も25.8%から3.8%に減った。

フリースペースは、「どの子が来てもいい場をひらいてゆこう」と開設された場所だ。親の会を行うときに、子どもも連れてきたい。特に何もしなくてもいいし、常設の場所ではなくてもいい。このような事情の中で広がったのがフリースペースである。減少の背景を考えてみると、フリースペースの多くが個人や任意団体による運営であった。運営者は保護者などである。自分たちの子どもが、進学や就職をすることによって、課題が変化していく。参加する子どもたちが減ることをきっかけに閉鎖されている。フリースペースの運営については、常設の場所や専従のスタッフがいない場合もあった。

「場」を持続的に運営するためのしくみづくり、思いの持続がなかったことが減少の原因になっている。フリースクールやフリースペースの立ち上げに関して今でも助成金を活用して立ち上げていく事例は多い。多くの助成金は、立ち上げの場合にのみ提供されている。初年度、もしくは3年以内に持続可能になるための人材育成や組織づくりができなければ、運営は容易にいきづまる。経常的に発生していく経費を負担していく助成金は存在しない。受益者負担を増やしたり、寄付を増やすことなしにいくつかの助成金を組み合わせて申請していくだけで、本質的な資金や支援者の開発に至らず、個人の努力も限界となり「場」を閉鎖したケースは筆者も多く見てきた。

③20年前のフリースクールは、学校と比べれば

私たちフリースクール運営者は、フリースクールの最大の価値を子どもの自己決定、コミュニケーションの豊かさ、安心安全の場づくり

にあると考えている。特に、人間関係や感情の行き違いなどで生まれるトラブルに対して、私たちは子どもたちの人権や感情に十分に配慮しながら、「正しい」とか「間違っている」という判断を一切行わない。そこに「嫌な感情」を持った子どもがいる。「苦しさ」を抱えた子どもがいる。それが全てであるので、マイナスの感情に寄り添いながら一緒に考え続ける事がフリースクールスタッフの大切な役割である。

フリースクールスタッフが、安全管理も含めて、全て自分たちで行う責任があると考えるとその役割は重大すぎる。子どもや保護者はそこに介入しないと決めているとするならば、そこには、「運営する側」「参加する側」という役割の分担が生まれてしまう。スタッフは、安心安全の状況をつくる。子どもはそこに参加するだけになる。学校教育から見れば当たり前のことだ。私たちは、あえて運営までも、子どもは受け身でいいのか？ その場をつくることに参画しないでいいのか？ むしろ、スタッフに任せないで、自分たちがどんどん運営までも担っていった方が当事者としての学びは深まるのではないか？

多くのフリースクールの教育実践は、このようなやりとりの繰り返しから生まれていく。しかし、子どもたちは自分たちだって大変な課題を持っている。よってフリースクールの運営や場づくりを中心に考えていく事がいくら学びになるとはいえ、そこまではできない。プロジェクトとして、スキー合宿や料理だったら自分たちが中心になってやってもいい。子どもの状態に応じて参加する子どもにどのような学びをつくるか？この「教育課程」をつくることを、スタッフは日々実践している。

フリースクールにおける価値とは①自分のことを自分で決める、個人の判断を大事にする　②全体に「合わせる」という発想から自由になる　③安全安心、自由な場を子どもたちとスタッフで創り上げていく　④自分の意見を誰もが自由に発言でき、運営にも取り入れられていく　⑤スタッフは、「正しい」、「間違っている」という判断を一切しないで、子どもと話し合いながら場のルールも含めて決めていく。

これらを実践していく価値は、広く認められてきてはいるが、この実践が「教育」「学び」として公共性を十分に獲得してはいない。理解はされるが「理想」と言われる事が多い。これだけの実践ができるスタッフの力量や、運営基盤が今のフリースクールにあるのかが今回の調査で明らかにされた。

(2) 2022年調査を受けて、あらためて「フリースクールとは何か」を考える

①子ども中心の学びが行われている。運営に子どもの意見が反映しているか

フリースクール全国ネットワークでは、「フリースクール白書2022」をつくるにあたり、あらためて「フリースクールとは何か」を明らかにする必要性が問われた。私たちは、一言でいえば「子どもの学ぶ権利」を実現するために、子ども主体で学ぶ場が必要であり、それを実現するところがフリースクールであると考えている。モンテッソーリやシュタイナーなどさまざまな特性を持った学びもあれば、不登校の子どもが多く通うフリースクールもある。しかし、子どもの学ぶ権利を尊重しながら教育活動を行うという理念や、自分にとって良き学び、幸せを他者と共に手に入れる活動を広く教育活動と定義しながら実践している。

大事な要素はa.子ども中心の活動が行われているのか　b.子どもの意見表明が尊重されているのか　c.権利侵害にあったときの対応が決められているのか　d.子どもの安心や安全、自由であることが保証されているのか。

今回の調査でも「子どもミーティング」を行っている団体は54.2%ある。私たちは、子ども本人を未熟な存在で判断能力がないとは思っていない。子どもは、自分が「何ができるのか」を考え、行動する力を持っているという前提に立っている。子どもが生きる人生を、「いかに生きるのか」を、考えて行動することで当事者として成長ができる。この成長を支える場がフリースクールだと考えている。私自身も、16歳で高校中退してのち、社会人経験を経てフリースクール運動を

担っている。大きくいえば「生きることの意味」を考えるには、自分を中心に据えることが欠かせない。まさに、公教育の外は、制度化されてもいないので、五里霧中である。この中で暗中模索し続ける子どもたちとスタッフこそが、学びの中の迷宮の只中にいるのだと考えている。この迷宮は、そこから出ることが目的ではない。いかに良く、幸せに生きるのか？ これは誰にとっても同じ問いであり、それを考え続けることに価値があると捉えている。

学校教育に合わない子どもたちには、自分の考えや思考の動きを優先して行動ができるように、フリースクールでは学習のペースを子どもが中心で自分が決めて行われる。子どもが決める領域と、スタッフが決める領域を団体によって分けているところもある。

自分が学ぶ場所を選ぶことも、フリースクールでは積極的に行うようにしている。進級や進学時期に学校に戻る子どももいる。フリースクールでは、積極的に学校に戻る活動を行っているところは少ない。大切なことを、自分で決めることを重要視しているからだ。保護者と本人が意見対立をすることも多い。保護者から見れば、フリースクールで元気になって、「そろそろ学校に戻れるのではないか」と感じると学校への登校を働きかける。

しかし、本人は、学校に登校するかどうか？ 判断の基準は自分が持っている。フリースクールスタッフは、保護者と子どもの意見対立があったときにも、「判断」をするよりも子ども中心に意見を整理し、子どもの感情に寄り添いながら最善の選択をするようにしている。社会で生きている保護者は、学校よりもフリースクールで学ばせたいとはじめから考えてフリースクールに通わせているわけではない。結果的に、子どもたちが昼間、安全に学ぶ場所を探して、フリースクールに来て学んでいる。

今回の調査でもわかるように、各地のフリースクールの規模はおおむね20人以下であり、財政規模は2,000万円以下のフリースクールがほとんどである。スタッフも常勤は1～2名程度。残りは非常勤スタッフやボランティアで運営している。子どもたち中心に運営を行い、入学時期も終了時期も自分で決める。在籍期間も上限年齢までは自分で在籍を決める事ができる。修了しても、特別な資格付与や単位認定が行われるわけではない。

この20年間で、大きくフリースクールの運営の中身が変化したわけではない。むしろ20年前は、全国的にフリースクールが増えていった時代でもあった。しかし、現在はフリースクールに通所する児童生徒が急激に増えているわけではない。

図2-1

2021年「児童生徒の問題行動・不登校等生徒指導上の諸課題に関する調査結果」より筆者が作成

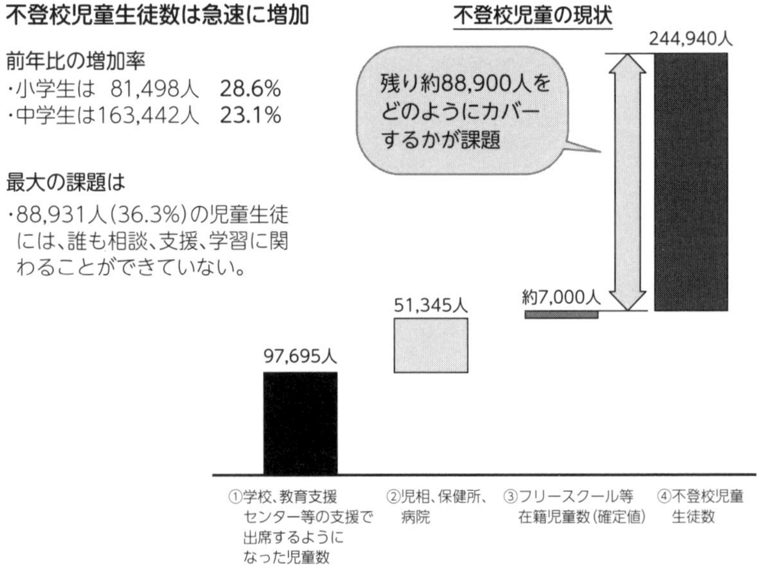

不登校児童生徒数は急速に増加

前年比の増加率
・小学生は　81,498人　28.6%
・中学生は163,442人　23.1%

最大の課題は
・88,931人（36.3%）の児童生徒には、誰も相談、支援、学習に関わることができていない。

不登校児童の現状

残り約88,900人をどのようにカバーするかが課題

97,695人
51,345人
約7,000人
244,940人

①学校、教育支援センター等の支援で出席するようになった児童数
②児相、保健所、病院
③フリースクール等在籍児童数（確定値）
④不登校児童生徒数

①、③出典：2021年（令和3年度）児童生徒の問題行動・不登校等生徒指導上の諸課題に関する調査結果について、2022年（令和4年）10月27日文部科学省初等中等教育局児童生徒課　不登校児童数の定義は年間30日以上不登校

③出典：2015年に発表の文部科学省からフリネット推定

約7,000人程度の子どもがフリースクールに通っているが、88,931人（不登校全体の36.3%）の子どもは、民間や公的な支援機関

のどこにも関わる事ができていない。フリースクールは、学校に行かない子どもの選択肢の一つであるというほど多くの子どもが学んでいない。定員に対しての参加者数も十分に満たされていないところも多い。

②私たちは公共性を獲得していっている

教育機会の確保法成立によって、フリースクールは３つの期待をしていた。a.学校に行かないでも学び成長できる場としてフリースクールの社会的な認知が深まり、子どもたちもここで学びやすくなるのではないか　b.教育機会の確保法の付帯決議の中で、「経済的な支援のあり方について」検討することが記された事により、何らかの財政支援が行われる　c.特に経済的な負担がなくなることで、フリースクールには経済的に困難な子どもたちも含めて通いやすくなる。結果として、フリースクールで学ぶ子どもの数も増えていく。

20年前と比べて確かに、フリースクールの社会的な認知は広まり、そこで学ぶことで成長していく事への理解も進んだ。しかし、いまだにフリースクールにおける出席の扱いを指導要録上の出席扱いにできていない学校も全体の３割近く存在している。フリースクール費用（全国平均で33,000円）を、準要保護児童、生徒など経済的な困難を抱えた子どもたちが十分に払えないことにより、学べない子どもがいるという現実は重く受け止める必要がある。

「すべて国民は、法律の定めるところにより、その保護する子女に普通教育を受けさせる義務を負う。義務教育は、これを無償とする。」（日本国憲法第26条第２項）に基づけば、フリースクールにおける学びが「普通教育」であるか、それにかわるものであると認められることによって無償化される。しかし、残念ながら政府は「学校教育法（昭和二十二年法律第二十六号）第十七条第一項又は第二項に規定する「就学させる義務」の「就学」とは、これらの規定に規定する学校に在学し、出席することである」（第192回国会山本太郎に対する政府答弁書）と定義したことを変えていない。

政府は学校に在籍している事が「就学」であるという見解を強く持っている。不登校でも、現籍校である学校に在籍し、かつ不登校であるがフリースクールには通えている。校長判断とはいえ、フリースクールへの通所を出席日数として認めているのであれば、それは就学と認めても問題はない（「就学義務から「多様な学び保障」へ：義務教育段階における国家の役割と子どもの学ぶ権利」日本教育学会年報　西原博史2016）という見解もある。

子どもたちの学ぶ権利の保障を公教育に代わってフリースクールが代替している。もしくは、フリースクールが学校と連携しながら学びを実現している。私からすれば、フリースクールで学ぶことが「就学」という理解がされ、広い意味での「普通教育」であるという理解がされる事が望ましい。問題は、学校で行うべき教育を民間がどれだけ代替できるのか。もしくは、その質をいかに保障していくのか。その質の問題を抜きに「普通教育」の代替であると安易に言えないという政府の見解だと理解している。

今後、フリースクール側が努力すべきなのは、この学びの質、成果を公共性があるものとして社会的に理解される、学びの情報開示や、学習理解の指標等を示す事が必要とされる。その場合、いまフリースクールで学んでいる、子どもの在り方が制度によって、本人の自由意志であると認められないという事があってはならない。公的な資金を得るために、フリースクールの在り方を変えていくのでは、問題の本質的な解決の目的からかけ離れてしまう。

とはいえ、20年前と比べてフリースクールは増えているが、そこではどんな学びを行っているのか？ 不登校の子どもが通うところ＝フリースクールという程度の理解に止まっていなかったか。「子ども中心の学び」の定義やそれを補償していく人的な要件、しくみを明確に位置付けてこなかったのは私たちフリースクール側の責任である。

フリースクールが公的な責任を負うことは同時に、自らの責任で、運営や学びのしくみをしっかりと説明し、既存の制度のどの部分に位置づける事が有効なのかを、検討していく努力をしなければならない。

国や行政に要望していくだけで、私たちはいいのか？ 教育機会の確保法から大きく何もかわる事ができなかったのは、国や行政だけではなくフリースクールの側の問題でもあったと考えている。

(3) フリースクールの現状

①フリースクールは増えたが、その運営の特徴は

この20年の中でフリースクールは増えてきている。今回の調査でNPO法人ebordや「学びリンク」の協力により約800近い団体に調査の依頼をした。都市部を中心にフリースクールや不登校の子どもの学びを支援する活動を行う事業所に対して調査が行われた。やはり都市部には、学校法人も含めてフリースクールを行う事業所が増えている。地方においても、中核市（人口30万人以上）のところでは、他の都道府県と同じように複数の事業所を持つフリースクールもある。人口が少ない地方都市では、個人や任意団体の事業所も存在するが、NPO法人化される団体が増えてきたのもこの20年の傾向である。

図2-2

フリースクールに通うきっかけ(%)

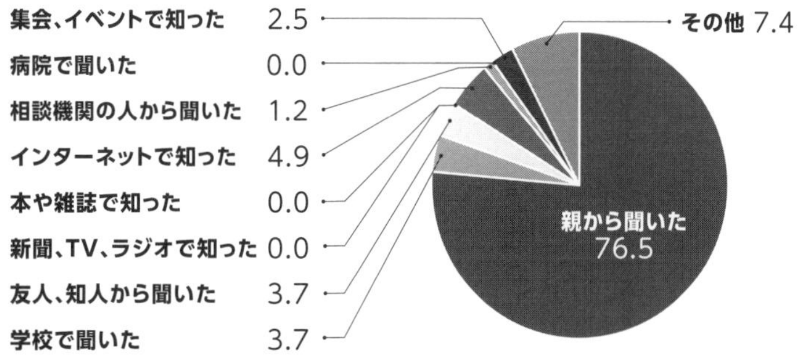

子どもが通うきっかけは親が多い

フリースクールに通うきっかけはこの間大きな変化はしていない。親がその活動を理解することで、子どもを通わせている。また、フリースクールを知るきっかけは、インターネットを使った検索や子ども本

人が自分で調べる場合もある。本人が、新聞やテレビという媒体を経由するケースはほとんどない。

今後の可能性として、学校・行政からフリースクールへつながっていくという事例はさらに増やせると考えられる。学校とフリースクールの連携、理解がとても重要だと思っている。学校での教育にはつながらなかったけれども、フリースクールで学ぶことで本人の成長を支援する。学校の責任を果たすことも十分可能だ。

図2-3

フリースクールスタッフへの印象（気持ち）子どもたちへの調査（%）

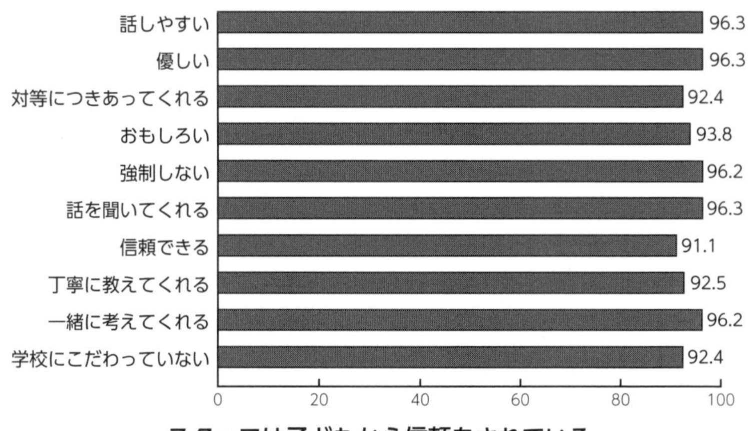

スタッフは子どもから信頼をされている

フリースクールの運営者やスタッフの子どもへの支援は、大きな評価を得ている。全ての質問において、スタッフには90%以上の満足をしている。多様な個性や課題を持った子どもに対してスタッフは柔軟に対応している。この場合、a.話を聞く　b.一緒に考える　c.強制しない　d.対等につきあってくれる等で明らかなように、本人を指導しながら「あるべき目標」に導くようなことはいっさい行っていない。あくまで、本人の在り方を尊重し、そこから進路も含め、不安や困難に寄り添っている。カウンセラーのような専門的なトレーニングを受けた人ではなく、教育や福祉、元不登校など多様な背景を持つスタッフが現場を担っている。彼らは、子どもたちのために何ができるのか。自分は何が可能なのか。自分をも問いながら本人を支援しようとしている。専門性とはなんだろうか。私たちは、子どもやスタッフ同士の相互の学び合い、気づきにより活動を柔軟に変化させながら学びをつくってきた。

現場での、子どもを取り巻く関係や状況を理解して本人を支援する。学校、家庭、人間関係で負った傷もそこで修復していく。スタッフの力を借りて修復することで、本人が成長していく。このひたむきな努力をするスタッフにより、子どもたちは支えられている。あえて、専門性という言葉を使うとすれば、子ども中心に考え行動できる。自分の中にあるこだわりさえも、活動を通じて実現している。実践から多くの学びと価値を手に入れている。

フリースクールスタッフは、当団体の実施するスタッフ養成講座(年2回)、JDEC(日本フリースクール大会)(年1回)に参加しながら相互の自らのスキルを向上させる学びをつくっている。地域によっては近くのフリースクール同士の合同研修等も自主的に行われている。課題となるのは、a.スタッフ自身が、子どもの問題を抱えすぎて、自らが燃え尽きる　b.経営や運営の時間が多く取られてしまう　c.他事業との併用でフリースクールを運営しているので、開所時間が短くなる等　の問題も抱えている。

今後、スタッフを養成していく、活動を持続させていくためにフリースクール全国ネットワークとしては、より地域に密着した活動を重視していくことも必要とされている。

(4)フリースクールの経営と持続性

①フリースクールの経営規模はあまり大きく変化していない

団体の財政規模が、2,000万円以下である団体が7割程度占めている。財政規模によりフリースクールの運営力がことなってくる。他の事業(生活困窮者の学習支援、塾、若者サポートステーション)等を運営しながら、フリースクール事業への相乗効果を図り、事業運営をしているフリースクールもある。

図2-4

スタッフへの調査
「スタッフとしてやってよかったと思うことはなんですか」(%)

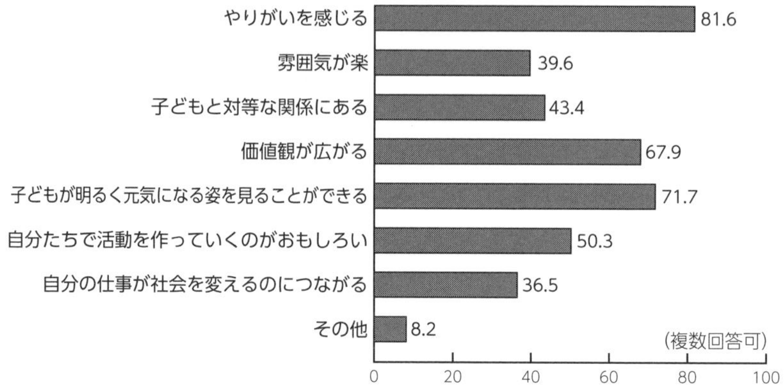

8割以上のスタッフが仕事にやりがいを感じている

また、一人で経営しているフリースクールの多くは、事業の広報から運営、子ども支援の全てを一人で行っている。彼らを支えているのは、図2-4「スタッフとしてやってよかったと思うことはなんですか？」という問いに対して「やりがい」や、「子どもが明るく元気になる姿を見ることができる」が上位にきている。フリースクールを支えているのは個々のスタッフと、子どもの関係に生まれる「信頼」やスタッフ自身の「やりがい」に支えられている。

しかも、スタッフ本人が持続的にフリースクールで働き続けることによって、子どもとの関わりや相談等のスキルを向上させている。彼らが経験を積みながら成長していくには、スタッフの生活を支えていく、給与や待遇を整える必要がある。

図2-5
スタッフへの調査「スタッフとして現在困っていること」(%)

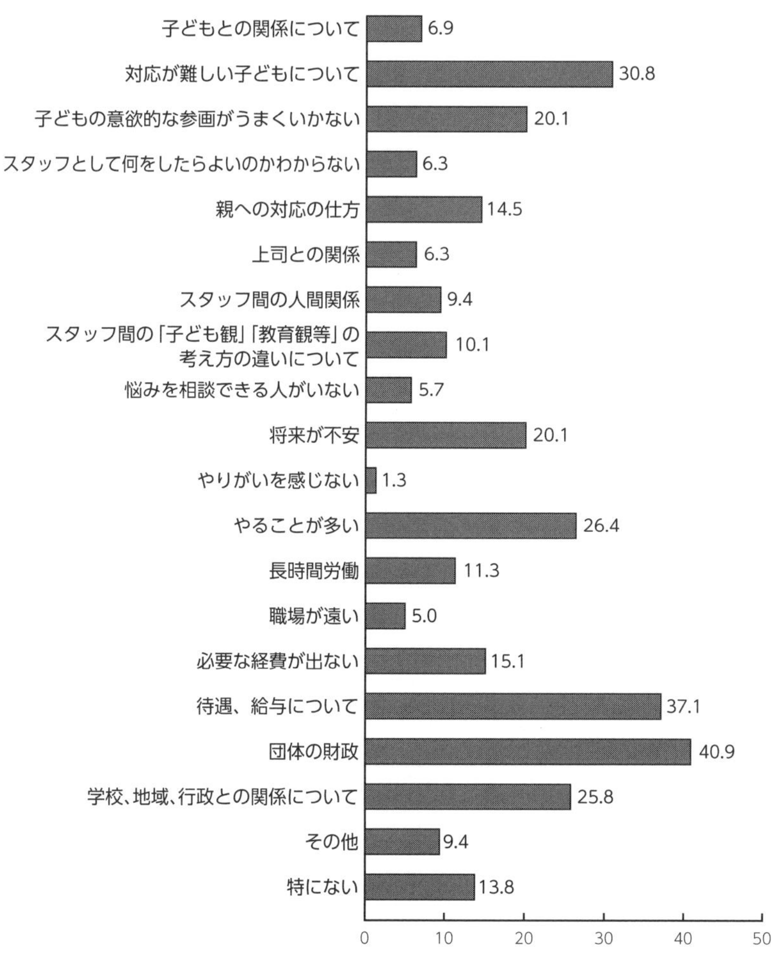

スタッフとして現在困っていることの上位に「団体の財政」「待遇、給与について」といった経済的側面が入ってきている

フリースクールスタッフの困りごとの中に団体の財政や、待遇給与の問題が挙げられている。スタッフがフリースクールの経営に権限を持つ団体も多い。収入の多くが受益者負担によって支えられており、公的な負担や企業等からの寄付などの多様な財源を持っているフリースクールは少ない。団体によっては、その年の在学者の数によって、給与を減額されるフリースクールさえある。

この構造は、20年間ほとんど変わっていない。多様な財源確保を持つ団体は、支援者が増え運営基盤の安定や周りからの理解が深まっているフリースクールがある。社会的な役割を担いつつ、同時に地域の人に支えられる構造をつくる必要性が問われている。多くのフリースクールは、「必要性」を理解しつつも、ファンドレイズを含めて専門性を持った外部の人材を活用できていない。活動に支援者が増えていかない理由には、運営している側が、「子どもたちの中には周囲に自分がここに通っている事を知られたくない」と思っているので、配慮して活動への周囲の理解を広げないという理由もある。一方で、通所者の個人情報は守りつつ、学校外で学ぶ子どもの活動を理解してもらうために、多くの人の協力や支援のもとに活動を持続させようと、学びや教育活動の情報発信を増やしている団体もある。フリースクールでの学びは、現在の単線的な日本の教育の在り方においては、学校外に必要だと強く感じている人が多い。それに賛同する人も団体・企業も多いが、私たちは十分には活用できていない。

今後、政策提案等も含め、フリースクールにおける子どもたちの学びを公的にも支えていくことの仕組みづくりは必要になっている。同時にフリースクールの財政構造を多様化していく努力は、フリースクールの側にも問われている。活動をひらく、多くの人に関心を持ってもらい、活動基盤を広げていくことが必要とされている。

(5)フリースクールが創り出す多様性と運営のあり方

①フリースクールとしての、社会的な理解を広げるには

子どもの貧困や不登校、発達障害の子どもたち。この子たちへの対応は行政制度の中で、分けられている。

しかし、フリースクールの中ではできるだけ、子どもの中に分断をつくらないように、どの子も受け入れられるような努力も重ねられて

いる。「子ども中心」の理念や活動が、受益者負担の中で一部の子どもだけしか参加できないような特殊な教育に留まっていないか。私たちは、強い理想を掲げているがその理想をどこまで実現してきたのだろう。この白書の制作を通じては、私たちはフリースクール運動の推進が必ずしも十分にできてこなかった現状を認識させられた。教育機会の確保法はいまだに社会的に知られていないと感じる人が、「あまり知られていない」と「ほとんど知られていない」を合わせると96.7%。法をつくっても、子どもたちに変化が生まれるまで現場に変化をつくり出すには、多くの人とつながり、その力を合わせて社会的運動として広げていくことが必要だとあらためて実感している。

私たちが出会っていない人たち。企業や行政の人たち。考えが全く異なる人たち。考え方が異なる子どもたちも、フリースクールの中で私たちは共存しながら、場をつくり、そのエネルギーを学びに転換させてきた。そして、お互いの幸せを実現してきたのである。同じように、社会の中でもフリースクールでの教育実践と同じ活動を行う必要を感じている。

②地方行政との連携を深めていく

教育活動実践は学校で行われている。学校を設置運営するのは市町村の教育委員会であり、その理解の中で不登校の子どもへの支援や対応も具体的に決められている。国の施策とは別に、教育委員会と一緒に不登校の子どもへの支援のあり方や方法を考えていくことで現場は変化していく。最近、増えつつある「校内フリースクール」や教育センターの運営を「業務委託」として民間のフリースクールが担うことで、子どもと学びをつくるノウハウが学校にも入っていく。現状でも行政が行う保護者への相談会や、保護者同士が学びあう「親の会」の運営をフリースクールとともに行う事例もある。

フリースクール側の積極的な提案で実現できた、地域での教育委員会や学校と学習会もある。これらは、フリースクールの側だけではなく、行政も子ども支援のノウハウを必要としているから実現している。

教育の目標が、一人一人の子どもの幸せを実現していくことにあるのは誰も反対はしない。学校現場には、どうしていいのか困った子どもがおり、教師がいる。私たちは、現場とつながりながら、しくみを変えていく柔軟さを身につけなければならない。

③フリースクール同士の連携を

今回の調査でフリースクールを有限会社・株式会社で運営しているのが16.4%。学校法人が7.1%と前回調査よりも運営主体も変化している。フリースクールは個人であっても法人であっても、共につながりながら考えていくことはとても大事なことである。

子ども中心の学ぶ権利を実現していくために、フリースクールは全国規模だけではなく都道府県の中、市町村の中でも柔軟につながりながら活動を展開していくことが、子どもたちの学びを現場で広げることにつながっていく。こども食堂や冒険あそび場など、お互いの学びや、情報公開、行政との話し合いを地域のフリースクールがリーダーシップを取りながら民間の側から進めていくことも大きく求められている。フリースクール運動は、国レベルから変化をつくり出すものでもなく、地域からのみ運動をつくり出すものでもない。その双方からの努力が、子どもたちにより良い学びと幸せと変化をつくり出すものと考えている。この20年の変化をさらに加速させる成果をつくり出すために、活動の広がりをつくっていきたいと考えている。

3 フリースクール等の運営形態の変化

小林 建太
学びリンク株式会社 編集部 編集長

(1)はじめに～運営母体の多様化

この20年の大きな変化は、子どもたちの居場所やオルタナティブな活動を主体とした団体に加え、学習支援を中心とする学習塾、あるいは運営母体の強みを活かした活動やプログラムを提供する団体の増加が挙げられる。

こうした新しいタイプの団体は、従来のフリースクール等が担ってきた、子どもたちによる活動への「意思決定・意思表明」「運営への参画」といった性質や方向性とは若干の異なりを見せる。学習支援や居場所としての機能、自由な空間であることを基本としながらも、団体が用意するメニューから子どもたちが活動を「選び取っていく」というプロセスが特徴的だ。

また、近年で顕著なのは、高校教育を主体とした通信制高校やサポート校がフリースクールを設立する流れがある。既存のフリースクール等が通信制高校と連携をし、利用者の中学卒業後の高校教育を支援する形態は以前からも行われてきたことだが、近年は通信制高校が独自に義務教育段階を対象とした居場所を開所する流れも生まれてきた。

こうした設立背景、活動形態の多様化により、「フリースクール」という存在の解釈はさらに広がりを見せ、前節までの加瀬、江川の指摘にもある「フリースクールとは何か」という定義への問いに対しては、改めて広く考察できる材料が備わってきた。

本書では、2003年調査と2022年調査を比較しているが、この20年で社会の動向や子どもたちを取り巻く状況も大きく変化し、フリースクールの社会的な認知も伴い、多様な運営主体や活動を基盤とする団体が続々と出現し始めた。不登校の捉え方や、家庭の教育に対する価値観も変わりつつある中で、フリースクール等の種別や運営形態、活動内容がどのように変化してきたのか。本稿では主に2003年調査以降に設立された新たなタイプの団体について記載しているが、これらの団体の特徴を通して、今後、フリースクール等が子どもたちの成長にどう寄与していけるかを改めて考察する一つの材料としていきたい。

(2) フリースクール数の変化

①20年で2倍以上の増加

最初に、フリースクール等がこの20年でどの程度増加してきたかを整理しておきたい。

日本のフリースクール等の数を正確に示すデータは存在しないが、学びリンク株式会社(東京都千代田区)が発行する『全国フリースクールガイド』では、初刊の2000年から2022年までに掲載数が357団体増加した。初刊の2000年3月時点の掲載数は126団体であったが、当時の調査では約350の民間のフリースクールと思われる団体を抽出し、うち親の会や大人向けの活動を主体とする団体を除いた236団体が取材・アンケート対象となっていた[※1]。当時の調査を参考にすると、この236団体が2000年時点のフリースクール等の数を知る一つの指標と考えられる。

それから15年後に実施された2015年の文部科学省調査[※2]では、474団体へアンケートが送付されており、うち319団体から回答を得ている。そこから7年後の学びリンク『全国フリースクールガイド』2022年版に掲載された団体数は483団体であった。

※1　学びリンク『全国フリースクールガイド』2000年

※2　文部科学省「小・中学校に通っていない義務教育段階の子供が通う民間の団体・施設に関する調査」2015年

図3-1

『全国フリースクールガイド』掲載数の推移

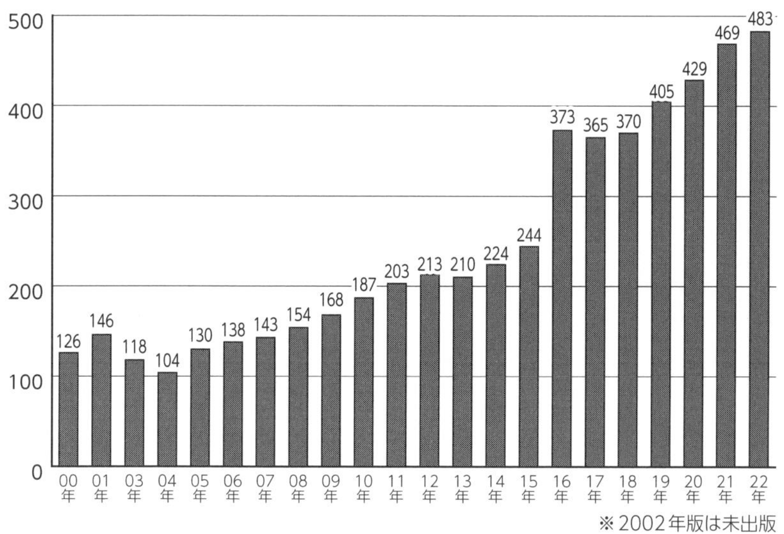

2016年の教育機会確保法成立以降、フリースクール等の新設は各地で広がり、2020年のコロナ禍以降は後述するオンライン型のフリースクールも数多く設立され始めた。こうした新設の動きは日々進んでおり、調査が追いきれない団体などを考慮すれば、現在その数は483団体プラスアルファで、少なくとも約500以上の団体に運営実績があると推測できる。すると、2000年の236という調査対象から、その数は20年で2倍以上となったと考えられる。もちろん、これは現在のフリースクール等の数を示す正確な数値ではないが、この20年において調査・取材できる対象自体が増えたことは間違いない。

そして、この20年の団体数増加に大きく貢献してきたのは以下の3つのタイプであると考える。

a.サポート校を主な事業とした団体
b.学校法人(主に通信制高校)が運営する団体
c.オンラインを活動の主体とした団体

そのうえで、次より調査団体における「主な事業」「運営主体」の変化を見ていきたい。

(3) サポート校を主な事業とする団体の増加

①通信制高校と連携した高校生の居場所

団体の「主な事業」について聞いたアンケートでは、各団体が自らの活動内容の中心をどのように位置づけているかを知ることができる。

ここでは大幅な「フリースクール」増、「フリースペース」減の傾向が顕著に表れていた。この考察については第１章および第３章の２「フリースクールの経営と現場で生まれている学び」（江川）で述べられている通りであるが、その他の変化で顕著だったのが「サポート校」の増加であった。「サポート校」は2003年調査の0.8％から本調査で7.6％へと上昇した。

図3-2
団体の主な事業（％）

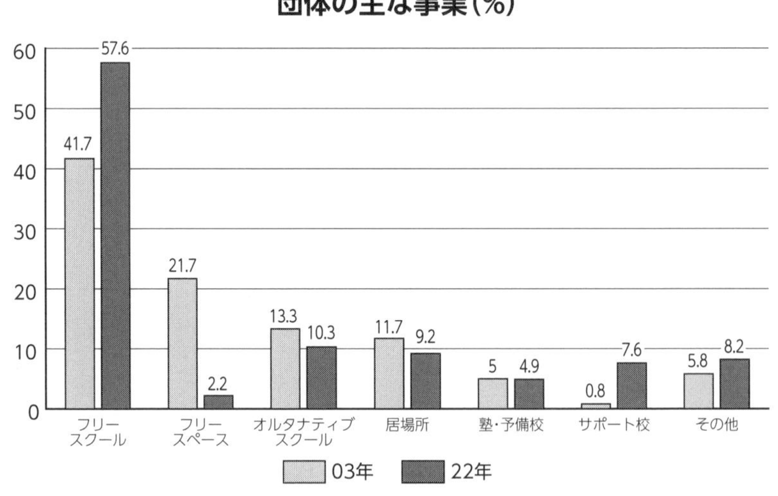

「サポート校」は通信制高校と連携する民間の教育機関を指し、「民間独自の強みを活かした活動を行いながら通信制高校の学習をサポー

トする」という意味で用いられる。運営の主体はフリースクールや学習塾、企業、福祉機関など様々で、「サポート校」という独立した主体があるわけではない。それぞれの主体が通信制高校と連携することで、結果的に「サポート校」という形態になっているのであり、本調査で問うている「主な事業」に対する回答の意図は、「サポート校事業を行っている」と言い換えたほうが理解しやすいかもしれない。

一方で、高等学校通信教育から見た「サポート校」の存在については、2021年の高等学校通信教育規程一部改正により「通信教育連携協力施設」の一部として位置づけられた。規定では本校（実施校）以外のサテライト施設を「通信教育連携協力施設」と位置づけ、このうち通信制高校の教育活動（添削指導・面接指導・試験）を実施する施設を「面接指導等実施施設」、それ以外の施設を「学習等支援施設」と区分し、面接指導等を行わない多くのサポート校は「学習等支援施設」に分類されることとなった[※3]。

上記は高等学校通信教育から見た「サポート校」の位置づけを述べているが、本調査の主題となる「フリースクール」という視点では、その見え方が少し変わってくる。

日本のフリースクールは、一般的に義務教育段階の子どもたちが利用する「学校外の学びの場・居場所」という認識が強い。ただ、高校生以上を受け入れる団体もあり、本調査でも60.0%の団体が16歳以上を、24.7%の団体が19歳以上を受け入れていることがわかっている。

これらの団体が通信制高校と連携することでサポート校事業が成り立つのだが、本調査で留意しておきたいのは、主な事業で「サポート校」を選択した団体だけがサポート校事業を行っているとは限らない、ということである。

実際、主な事業で「サポート校」と〝位置づけていない〟団体の中にもサポート校事業を行っているケースはある。「特定の通信制高校との

※3　高等学校通信教育規程（第三条）

連携」を聞いたアンケートでは、全体の46.7%の団体が通信制高校と連携していた。これらの団体から「主な事業」とのクロスを見たところ、「フリースクール」とする団体の49.1%、「塾・予備校」とする団体の55.6%が通信制高校との連携（サポート校）をしていた。

図3-3
主な事業における「特定の通信制高校との連携」（%）

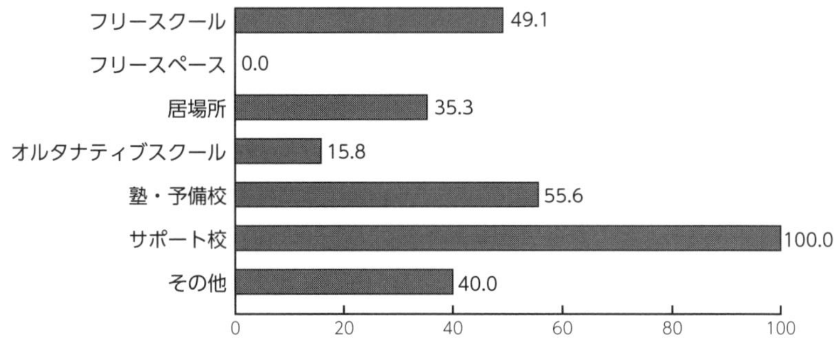

②主な事業が「サポート校」となる背景

つまり、「フリースクール調査」という大きな枠組みで自らの活動を問うてみると、実際のサポート校事業の実施有無に関わらず、自らの活動主体を「フリースクール」としたり、「居場所」としたり、あるいは「サポート校」としたりするのである。

では、なぜ活動の中心を「フリースクール」や「オルタナティブスクール」等ではなく、あえて「サポート校」とする団体が増えてきているのか。主な事業で「サポート校」と位置づけた団体を個別に見ていくと、次のような状況が考えられた。

a.設立経緯がサポート校（事業）として始まっている団体
b.活動の中心が他事業からサポート校（事業）へと移行していった団体

aは設立そのものの背景がフリースクールではなく、通信制高校のサポート事業を主体として始まった団体である。これらの団体が、義務教育段階を支援するための事業として新たにフリースクール運営を展開したという背景だ。

一方、bは2つの背景が考えられる。一つは既存のフリースクール等が高校生を支援するために新たに通信制高校と連携しサポート校となったケース。もう一つは、もともとサポート校連携をしていたフリースクール等の活動の中心が、義務教育段階から高校生の支援へと移行していったケースである。

本調査で主な事業を「サポート校」とした団体における運営主体のクロスを見ると、「有限会社・株式会社等」が28.6%と最も多く、「個人」、「NPO法人」、「学校法人」などでも一定数サポート校を運営している実態がわかった。

最も多かった「有限会社・株式会社等」の団体を個別に見ると、aのように設立背景が通信制高校のサポート事業として始まっているところが多い。一方、その他の運営主体については、bのようにフリースクール運営からサポート校連携をしたケース、事業の中心がサポート校事業へと移行していったケースなど様々な要因が考えられた。

図3-4
主な事業を「サポート校」とする団体の「運営主体」（%）

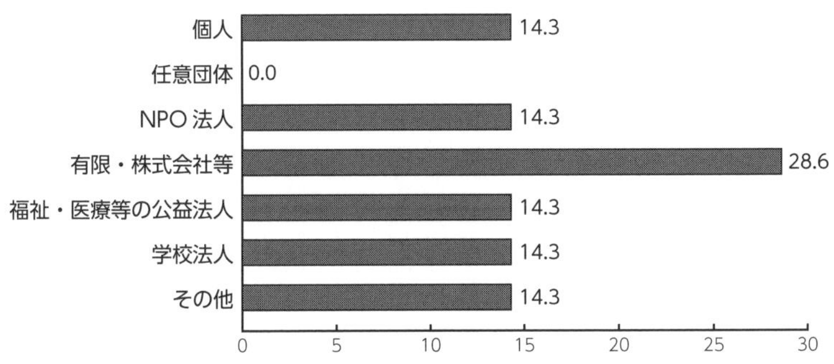

(4) 通信制高校の増加と「中等部」の出現

①私立通信制高校は20年で2.8倍に

『全国フリースクールガイド』掲載団体の動向を見ると、特に近年は前述のaのような通信制高校のサポート校事業として始まった団体がフリースクールを新設するケースが目立つ。これは、サポート校そのものがこの20年で増加したことに由来するが、その背景には近年の通信制高校進学者の増加が大きく影響している。

2022年度の通信制高校生徒数は238,267人で、前回調査の2003年時点（190,106人）から48,161人増加している。その増加率の多くを占めているのが私立通信制高校であり、その学校数は2022年度196校で、2003年の70校から126校増（2.8倍）となっている[※4]。

私立通信制高校の約6割は広域から生徒が入学できる広域制（本校所在地を含めた3都道府県以上から入学可能）となっており、その多くが本校以外の各地でキャンパスや学習センター等と呼ばれる学習拠点を運営、あるいはサポート校との連携を行っている。文部科学省が2016年に実施した調査[※5]では、こうした通信制高校のサテライト施設は全国に2,267施設あるとされ、そのうち54.4%となる1,234施設をサポート校が占めた。

図3-5

通信制高校 学校数の推移

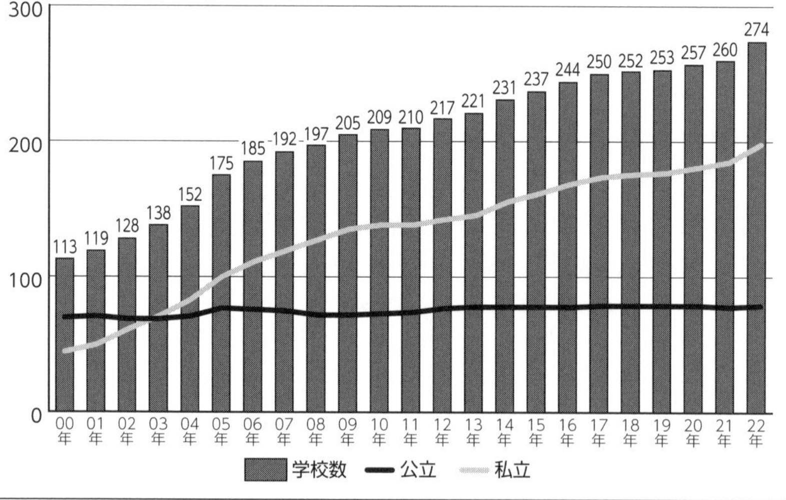

※4　文部科学省「学校基本調査」、令和4年度（確定値）

※5　文部科学省「広域通信制高校に関する実態調査」、平成28年

図3-6

通信制高校 生徒数の推移

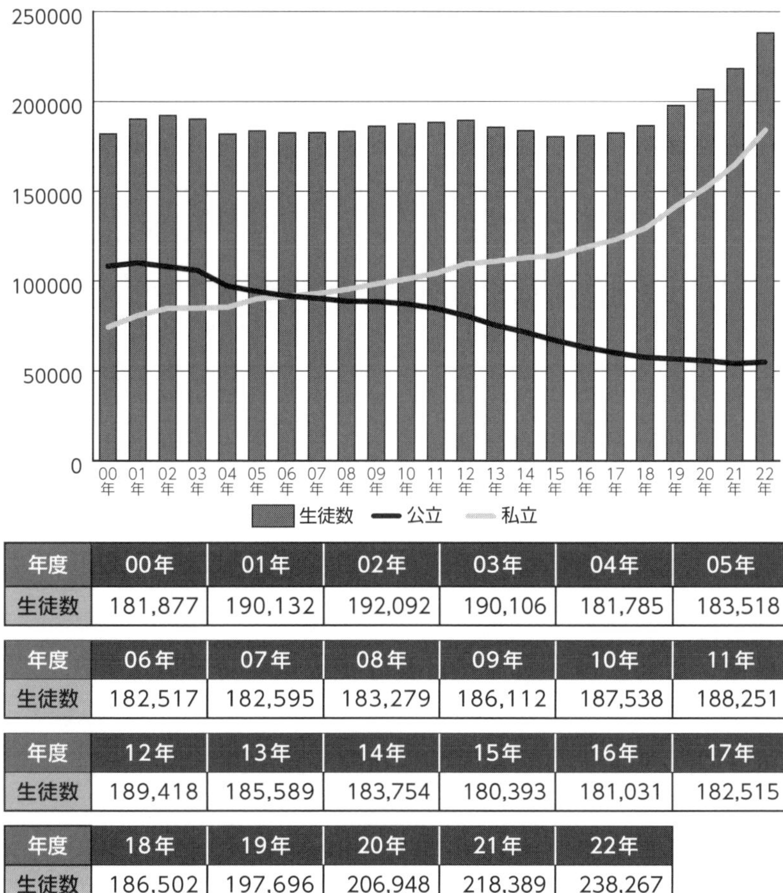

年度	00年	01年	02年	03年	04年	05年
生徒数	181,877	190,132	192,092	190,106	181,785	183,518

年度	06年	07年	08年	09年	10年	11年
生徒数	182,517	182,595	183,279	186,112	187,538	188,251

年度	12年	13年	14年	15年	16年	17年
生徒数	189,418	185,589	183,754	180,393	181,031	182,515

年度	18年	19年	20年	21年	22年
生徒数	186,502	197,696	206,948	218,389	238,267

これら私立通信制高校やサポート校の多くが、そのノウハウを活かしてフリースクール等を設置する流れが定着した。そして、それらの団体が学校名と合わせて「中等部」あるいは「中学生コース」と呼称することが多くなった(小学生を対象としている場合は「初等部」など)。

一般的に「中等部」は中高一貫校における中学校で用いられる呼称だが、通信制高校やサポート校が運営する「中等部」は中学校としての認可を受けたものではなく、あくまで位置づけはフリースクール等と同じだ。ただ、「中等部」「中学生コース」等と名乗ることで「学校法人による運営」「高校との一貫教育」という印象が強まるため、多くの団体でこうした名称が定着した。一方で、一条校との誤解を与えかねないため、名称からは「高校」という記載は外されている。つまり「○○高校中等部」という名称は使われておらず、多くが法人名や校名の名称だけを取った「○○中等部」としている。

なお、学びリンクは2013年、文部科学省に対し「高校がフリースクールを作り、中学生を受け入れることはできるか？」との問い合わせをしているが、当時は「私立高校が中学生の居場所を学内に置くのは、学校教育法第五十条に照らして、目的以外のこととなり考えにくい」との回答を得ていた※6。この時は「高等学校において中学生の学習指導を行うことが高校の範疇ではない」というニュアンスを含んでいたが、結果としてその後、通信制高校を母体としたフリースクールが各地で開設されることとなった。

本稿では、以下より、こうしたサポート校や通信制高校から新設された団体と、従来型のフリースクール等とを区分するため、文脈に沿って、これらの団体を便宜上「中等部」と呼ぶこととする。

(5)フリースクール等による通信制高校との連携の背景

フリースクール等と通信制高校との連携が活発化し始めたのは1990年代とされる。この時、既存のフリースクール等と連携を進めていった通信制高校の代表的な事例の一つが、学校法人国際学園が運営する星槎国際高校（北海道札幌市）、並びに同校と技能連携を行う星槎学園（設立当時の名称は「宮澤学園」）であった。

星槎学園は、1984年に神奈川県横浜市で「宮澤学園高等部（当時）」として開校され、当初は広域通信制高校の科学技術学園高校（東京都世田谷区）と連携していた（1999年に星槎国際高校開校により連携

※6　学校教育法（第五十条）「高等学校は、中学校における教育の基礎の上に、心身の発達及び進路に応じて、高度な普通教育及び専門教育を施すことを目的とする。」

先を移管）。学園は法人格を持たない団体であったが、学校教育法第五十五条に定める技能教育施設としての認可を受け、通信制高校の学習活動の一部（連携科目の指導）を担っていた。

当時のフリースクールは、高校生の支援が手薄になっているという課題もあった。当時、多くの生徒は公立通信制高校へ進学していたが、自学自習という原則的な学習活動に留まり、卒業率も低い状況にあった。そこで、フリースクール側は、通信制高校と連携することで日常的な活動と合わせて高校の学習活動を支援できると考え、特定の私立通信制高校との連携が積極化していった。

民間団体との連携は一般的にサポート校という位置づけになるが、サポート校の場合、通信制高校の教育活動（レポート添削、面接指導、試験）は高校で実施しなければならない。技能教育施設としての認可を受け、その場所がスクーリング施設として認可されると、高校の教育活動を施設内で完結させることができる。この形態を広げていった代表例が星槎国際高校であった。現在、星槎国際高校は30以上の技能教育施設と連携しているが、そのおよそ8割がフリースクールだという。

一方、星槎学園は1997年、地域の親の会からの要請を受け、横浜市内に学習障害のある子どもたちなどを支援するためのフリースクールを独自で開設している。この時、通信制高校の技能教育施設である「宮澤学園高等部（当時）」が併設する中学生の受け入れ先という位置づけで、名称を「宮澤学園中等部（現・星槎学園中等部）」とした。ここで初めてフリースクールにおける「中等部」との呼称が生まれたと考えられる。

星槎学園中等部は活動の主体を適応指導教室と位置づけ、地域の中学校と連携しながら学校復帰を目的とした活動を行っていた。しかし、当時はまだフリースクール等に対する在籍校の理解が追い付かず、出席扱い等を得られない課題もあった。

2005年、学校法人国際学園は不登校特例校「星槎中学校」を横浜市に開校し、一条校として学習指導要録に縛られない教育課程による支援を実現させることとなる。

また、星槎国際高校は2007年に学則を変更し、付帯事業による適応指導教室（フリースクール）運営の認可を受ける。つまり、ここで初めて学校法人によるフリースクールが誕生したと考えられる。一条校が運営するフリースクールという位置づけとなったことで、在籍校による出席扱い等の理解も進んでいった。

「星槎フリースクール」は2023年3月現在、全国に26拠点が展開されており、ほかにもグループとして2006年に「NPO法人星槎教育研究所」が開設されている。星槎教育研究所は、全国に広がる星槎国際高校の学習センターやフリースクールに対する助言を主な事業とする専門機関であるが、子どもたちが利用できるフリースクールとしての機能も果たしている。東京都新宿区の拠点では東京都からの委託を受け、都立高校生の通級指導も請け負っている。

こうした星槎国際高校の取組事例が全国的にも広がり、フリースクール等が特定の通信制高校と連携し、サポート校や技能教育施設となる動きや、後に既存のサポート校や通信制高校が独自でフリースクール等を開設する動きが定着していくこととなる。

(6) サポート校・学校法人による中等部（フリースクール）開設の動き

①中等部出現から直近10年で団体増加率は116.5%

2000年代以降、サポート校や通信制高校を母体とする法人が、いわゆる「中等部」と呼ばれるフリースクール等を開設する動きが活発化した。本調査でも「運営主体」の設問で新たに「学校法人」を追加し、その動向を図ったところ、13法人からの回答があり、全体の7.1％を占めた。このうち、1団体を除く12法人が通信制高校を運営していた。

図3-7
団体の運営主体(%)

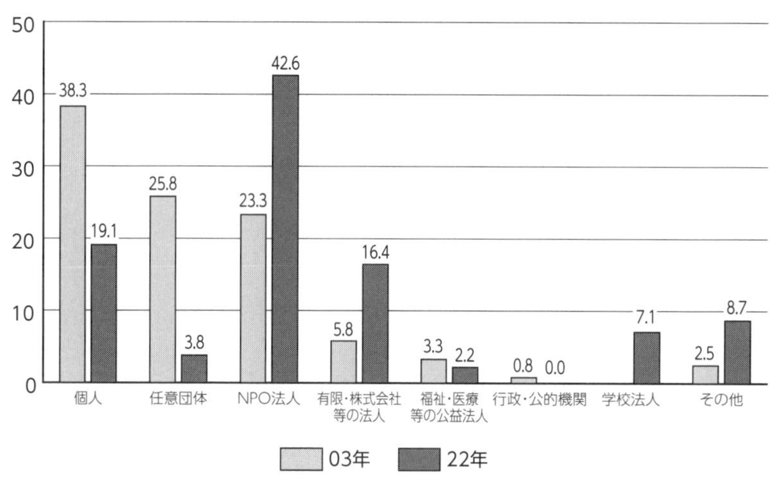

これらサポート校や通信制高校の特徴は、広域に学習拠点を展開していく経営戦略にあり、各地の拠点に中等部等が開設されたことで、フリースクール全体の団体数増加にも大きく貢献していった。

表3-1は『全国フリースクールガイド』掲載数の推移とサポート校や通信制高校を母体とした主な中等部等の開設年を照らしたものである。これを見ると、2000年から2009年までの前半10年間は団体数が100台で推移（増加率33.3%）しているが、2010年から2019年までの後半10年間では、2011年に団体数が200を超え、2019年に400を超えている(増加率116.5%)。

主な中等部等の開設年を見ると、多くが2011年以降に集中しており、団体数増加への貢献度が読み取れる。また、2019年から2022年までの直近4年間においても、さらに78団体増加している点も注目したい。

表3-1

『全国フリースクールガイド』掲載数とサポート校・通信制高校を母体とした主なフリースクール・中等部の開設年

発行年	掲載数	主な「フリースクール・中等部」開設年
00年	126	
01年	146	
03年	118	
04年	104	学研のサポート校WILL学園中等部（学研のサポート校WILL学園）
05年	130	
06年	138	
07年	143	星槎フリースクール（星槎国際高校）※注
08年	154	
09年	168	
10年	187	
11年	203	池袋アートフリースクール（北海道芸術高校）
12年	213	トライ式中等部（トライ式高等学院）、鹿の子クラブ（鹿島学園高校）
13年	210	くれしぇんど（屋久島おおぞら高校）、 横浜アートフリースクール（北海道芸術高校）
14年	224	八洲学園中等部（八洲学園高校）
15年	244	
16年	373	
17年	365	仙台アートフリースクール（北海道芸術高校）
18年	370	飛鳥未来中等部・初等部（飛鳥未来高校）、 第一学院中等部（第一学院高校）
19年	405	N中等部（N高校）
20年	429	ルネ中等部（ルネサンス高校）
21年	469	明蓬館中等部（明蓬館高校）
22年	483	

※2002年版は未出版。
※一部の団体は同法人が運営する複数のグループ校が母体となっているが、ここでは代表1校のみを記載。
※2007年「星槎フリースクール」は星槎国際高校学則変更後のもの。1997年に「星槎学園中等部」を開所している。

株式会社学研エル・スタッフィングが2000年から運営を開始しているサポート校「学研のサポート校WILL学園」（東京都新宿区）は、2004

年に中学生を対象とした「中等部課程コース」を開設している。開設当初は東京都新宿区の高田馬場本校でスタートしたが、サポート校の教室展開に合わせて中等部も各所へ広がり、2023年3月現在で東京、神奈川、埼玉、愛知、大阪、兵庫で全8拠点の中等部が運営されている。

株式会社トライグループが運営するサポート校「トライ式高等学院」（東京都千代田区）は2012年に「トライ式高等学院中等部」（2023年より「トライ式中等部」に名称変更）を開設した。当初、全国約160ヶ所あった既存の教室を中心に中等部を開設したことで、一法人が一気に160以上の居場所を増やしたこととなった。

通信制高校を母体としたフリースクール開設の事例では、2014年に広域通信制高校の八洲学園高校（大阪府堺市）が開設した「八洲学園中等部」（学校法人八洲学園）がある。前述の星槎国際高校の事例と同様に、学校法人八洲学園の付帯事業として位置づけられ、初年度は既存の拠点であった東京、神奈川、大阪、兵庫で6拠点を開設した（2023年3月現在は全国8拠点）。

また、この時、学校法人による「中等部」という名称が改めて注目され、以降、他の学校においても同様の名称が定着していく。

全国で大学や専門学校、広域通信制高校の飛鳥未来高校（奈良県天理市）・飛鳥未来きずな高校（宮城県登米市）を運営する学校法人三幸学園（東京都文京区）は、2015年に「東京未来大学みらいフリースクール」を、2018年に「飛鳥未来フリースクール」（現「飛鳥未来中等部・初等部」）を開設。飛鳥未来中等部・初等部は初年度、北海道、宮城、東京でスタートし、2023年3月現在は全国7拠点で運営されている。

(7)高校の強みを活かした中等部の活動形態

こうした「中等部」と呼ばれるフリースクールの特色は、私立通信制高校やサポート校が強みとする多様な教育活動と、心理面のフォロー、学校の機能を活かした学習支援としているところが多い。

設立のメリットでは、運営する既存の校舎や施設を利活用することで、財政面や人的負担を抑えてスタートさせやすく、スタッフは既存の教員等が担うことで人材も確保しやすい。

特に中等部が特徴としているのは、「高校と同じ環境」という点だ。対応するスタッフは普段高校生と接している教員たちで、学習面のフォローは大きな強みとなった。生活支援についても、不登校経験者や発達特性のある子どもへのフォローがノウハウとして培われており、心理面や特別な配慮といった面でもアドバンテージがあった。

また、同じ施設内に高校生も通ってくることから、利用者は進学後の高校生活へのイメージをつけやすい。高校生との日常的な交流や、一緒に授業に参加できる機会もあり、仮にそのまま高校入学となれば、ある程度慣れた環境で高校生活をスタートさせられるメリットもあった。

では、これらの団体が自らの活動をどのように認識しているのか。運営主体において「学校法人」とした団体の「主な事業」とのクロスを見たところ、自らの活動を「フリースクール」とした団体が69.2%で最も多く、ほかに「居場所」（7.7%）、「サポート校」（15.4%）、「その他」（7.7%）とするところが一部あった。

つまり、学校法人による運営あるいは「中等部」と呼称する場合であっても、「フリースクールを運営している」という自己認識が高いことがわかる。

図3-8
運営主体を「学校法人」とする団体の主な事業(%)

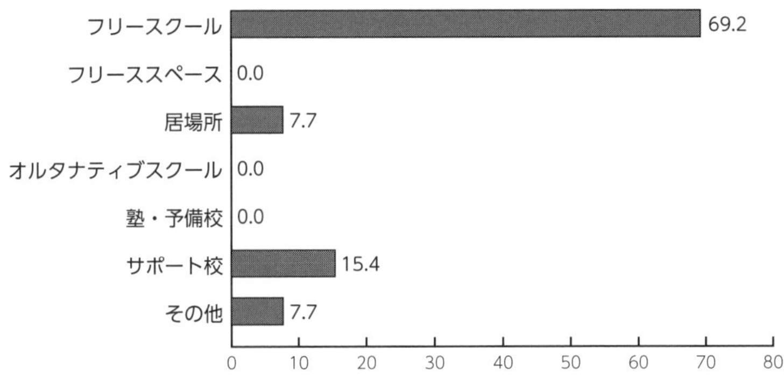

活動内容そのものは、中等部であっても団体によって多様だ。ただ、学校という機能を活かして週5日の時間割を設けるなど、学校教育の補完的な役割をイメージさせる活動も目立つ。また、一部では在籍校への登校復帰を支援する活動もある。

一方で、各学校が強みとする教科学習以外の多様な独自コンテンツを高校と併用して提供するケースも多く、この点は中等部の特徴の一つと言える。

(8)従来型フリースクール等との違い

①子どもの「意思決定」「運営への参画」に大きな差

では、従来型のフリースクール等との違いはどこなのか。例えば、従来のフリースクール等が重視してきた取組みの一つに、子どもの意思決定や運営への参画等がある。本調査でも2003年調査時からその点を重視して問うてきているが、これらの項目を比較すると、中等部等の新しいタイプの団体との間に大きな差があることがわかった。

図3-9
子ども・若者による会議・ミーティング(%)

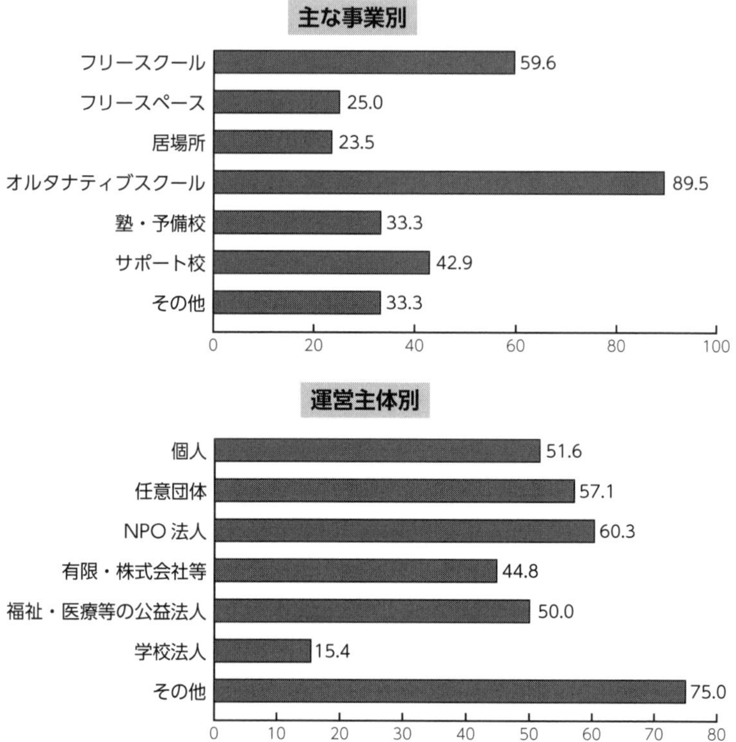

「子ども・若者による会議・ミーティング」は、各団体で子ども・若者たちが定期的な会議等を行っているかを知る内容となっている。こうした若者ミーティングは、子どもたちが自由に自分の意見を言い合い、子ども自身の主体性や他者を尊重する気持ちを育む機会となっている。

主な事業別で見ると、「オルタナティブスクール」で89.5%と最も多く実施されており、「フリースクール」においても59.6%と高い数値となっている。一方、「フリースペース」(25.0%)、「居場所」(23.5%)、「塾・予備校」(33.3%)、「その他」(33.3%)で低い結果となっている。

「サポート校」においては42.9%という結果であった。前述の通り、本調査で主な事業を「サポート校」とする団体の中には、設立背景がフリースクール等である団体もあり、こうしたミーティング機会が継続されているケースが考えられる。

一方、運営主体別に見ると、その差は顕著だ。運営主体では「NPO法人」が60.3%と最も高く、次いで、「任意団体」(57.1%)、「個人」(51.6%)、「福祉・医療等の公益法人」(50.0%)、「有限・株式会社等」(44.8%)という結果であった。これらと比較して「学校法人」の15.4%は極端に低い結果であった。

図3-10
子ども・若者が子どもの生活ルールの意思決定に関わる(%)

主な事業別

フリースクール	73.1
フリースペース	100.0
居場所	52.9
オルタナティブスクール	84.2
塾・予備校	25.0
サポート校	35.7
その他	33.3

運営主体別

個人	63.6
任意団体	66.7
NPO 法人	74.4
有限・株式会社等	50.0
福祉・医療等の公益法人	75.0
学校法人	23.1
その他	75.0

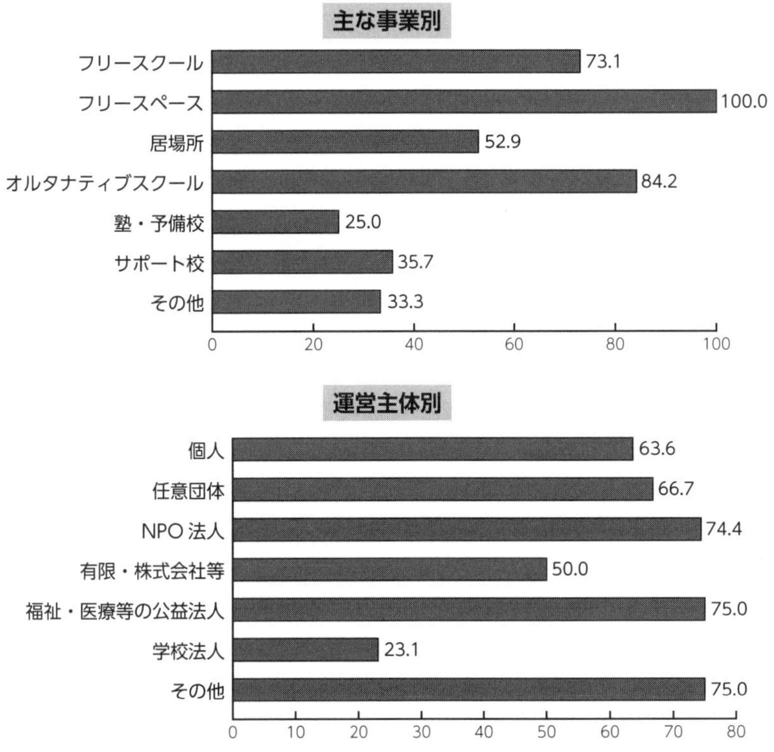

「子ども・若者が生活ルールの意思決定に関わる」という項目では、子どもたちが共同生活を送るうえで、生活上のルールを子どもたち自

身で話し合う機会を設けているかを問うている。学校で言うところの校則に近い面もあるが、校則だけでは測れない日常生活や集団生活における曖昧な事例についても、その都度、団体内で話し合う機会を設けることもある。

主な事業別で見ると、「フリースペース」で100%、次いで「オルタナティブスクール」(84.2%)、「フリースクール」(73.1%)、「居場所」(52.9%)という結果であったが、「サポート校」(35.7%)、「塾・予備校」(25.0%)では低い結果となっていた。

運営主体別では、「福祉・医療等の公益法人」が75.0%と最も高く、次いで「NPO法人」(74.4%)、「任意団体」(66.7%)、「個人」(63.6%)、「有限・株式会社等」(50.0%)という結果であった。一方で、「学校法人」は23.1%と低い結果であった。

図3-11

子ども・若者がイベント・行事の意思決定に関わる(%)

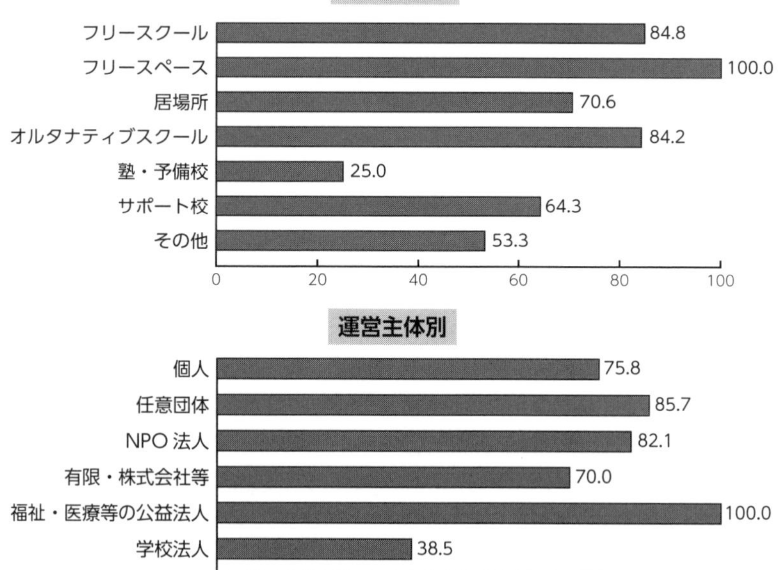

「子ども・若者がイベント・行事の意思決定に関わる」では、各団体の行事等の決定について、子どもたちがどのように関わっているかを見ることができる。

主な事業別では「フリースペース」が100%となっており、次いで「フリースクール」(84.8%)、「オルタナティブスクール」(84.2%)、「居場所」(70.6%)。「サポート校」については64.3%と意思決定の参画機会がうかがえる。ここでは「塾・予備校」が25.0%と低い結果であったが、塾・予備校に関してはイベント等の機会そのものが他事業に比べて少ないことも考えられる。

運営主体別では、「福祉・医療等の公益法人」(100.0%)が最も多く、次いで「任意団体」(85.7%)、「NPO法人」(82.1%)、「個人」(75.8%)、「有限・株式会社等」(70.0%)であり、「学校法人」については38.5%と低い結果となった。

図3-12

子ども・若者がプログラムの意思決定に関わる(%)

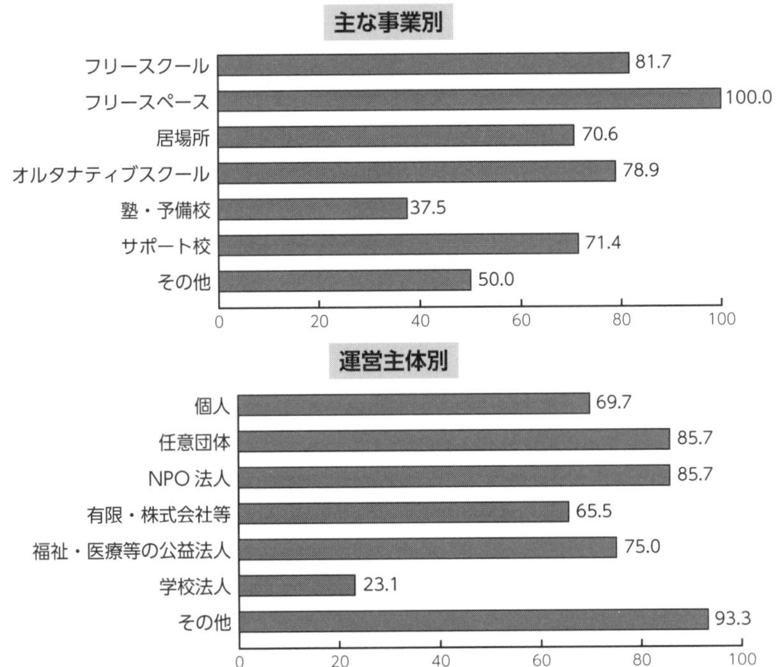

「子ども・若者がプログラムの意思決定に関わる」では、団体の活動内容の決定や選択に子ども自身が関わっているかを見ることができる。

主な事業別では、「フリースクール」(81.7%)、「フリースペース」(100.0%)、「居場所」(70.6%)、「オルタナティブスクール」(78.9%)であり、「サポート校」についても71.4%と高い数値であった。一方で、「塾・予備校」に関しては37.5%と低い結果であった。

運営主体別に見ると、「個人」(69.7%)「任意団体」(85.7%)、「NPO法人」(85.7%)、「有限・株式会社等」(65.5%)、「福祉・医療等の公益法人」(75.0%)と、ほとんどが半数以上の割合であったが、「学校法人」については23.1%と低い結果であった。

②「子どもが決める」ことのプロセスの違い

上記の結果から、子どもたちの運営への参画、意思決定機会は、サポート校、学校法人においては少ない様子が読み取れる。

従来のフリースクールやオルタナティブスクール等は、運営の設計段階から子どもが参画することを重視しており、その時々の子どもたちの声によって活動内容が決められていく。そのため、あらかじめ団体の活動内容を明確に設けていないところも多い。

一方、サポート校や学校法人が運営する中等部等は、前述の通り、運営母体が強みとするコンテンツが活動に反映されることが多い。これは教科学習のみならず、多様な体験活動や専門的な学びも含んでおり、あくまで利用の仕方は子どもたちの自由だが、メニューそのものは団体が用意し、それを子どもたち自身が自分のニーズに合わせて選び取っていくというプロセスをとる。

子どもたちがどのように活動を決めていくかという視点においては、そのプロセスの違いはあるものの、この結果からどちらが主体的であるか能動的であるかという判断はできない。子どもの意思決定機会や運営への参画により得られる成長は大きいものの、反対に、それを実施しない団体での成長を否定することにはならない。特に私立通信制高校やサポート校の多くは、社会の動向や子どもたちのニーズに合わせて教育内容を柔軟に変化させている。決して子どもたちの意思を無視しているわけではない。

あらかじめ目的を定めない活動であるか、一定のプログラムが用意された活動であるかという点は大きな違いにはなるが、例えば発達特性のある子どもにとっては、特性によって「自由であること」を苦手とする子どももいる。何をもって、子どもたちの「安心できる場」であるかという視点に立つと、多様な子どもたちにとって利用しやすい環境を選択肢として残しておく必要はある。そのためには、団体の理念や活動方針そのものも多様であることがフリースクール全体に求められてくるかもしれない。

一方、通所の仕方については、中等部等においても基本的に「いつ行くか・行かないか」は子どもの意思に委ねられている。ただ、これは中等部等の新しい団体に限らず、近年は、例えば「週２日コース」「週５日コース」のように、利用する日数に応じた料金体系を設定する団体も一部である。こうした設定のあり方が子どもの意欲や心理状況、家庭にどのような影響を及ぼしているのか。

例えば、通所日数が決まったコースに入会したことで、子どもが通所への義務感やプレッシャーを感じたり、通所できないことにより親子間で不和が発生するといった事例もある。そうした状況から、一部では回数制の料金体系をとる団体もあるが、安定した収益につながらず、経営が苦しくなるといったジレンマも生まれている。

こうした活動のあり方や選択のプロセス、料金体系も含め、それらが子どもたちの成長にどう影響しているのか、各団体の事例を共有しながら、今後、様々な角度からの分析も必要となるかもしれない。

(9)オンライン型フリースクールの台頭

以降は、主に前回の2003年調査以降に出現した新しいタイプのフリースクールについていくつか紹介していきたい。

社会的なICT化に伴い、フリースクール等の中にもオンラインによる活動を主軸とする団体が生まれた。フリースクール等におけるICT教材の活用については第3章の5（村山）で述べられるが、近年、新設された団体の中には活動拠点を設けず、活動自体をオンラインのみとする団体も出現し始めている。

こうした「オンライン型フリースクール」は特にコロナ禍以降に急増している。利用者のオンラインに対する抵抗感がなくなったほか、運営者が施設を設ける必要がないなど設立面でのハードルが下がった影響は大きい。また、既存のフリースクール等がオンラインコースを設ける傾向も見られる。

ICTを活用したホームエデュケーションという捉え方もできるが、オンラインの特性を活かしながら、学習以外の様々な専門的な学びや体験活動、人的な交流も広がっている。

最初に注目を集めた事例は2019年にスタートした「クラスジャパン小中学園」（現・運営会社「合同会社和一なごみ」）である。クラスジャパンは、通所のない完全オンラインによる在宅学習サービスをコンセプトに、学習支援だけでなく、様々な企業と連携した体験活動や部活動などもオンラインで実施している。

開設当初は、自治体との提携を基本としたため、個人からの利用ではなく、各学校が不登校など該当する生徒に提供する在宅学習サービスという位置づけであった。そのため受益者負担はゼロとなるが、利用者は在住する自治体内の家庭に限られ、個人からの申し込みはできなかった（後に有料により個人からも利用できるようになっている）。

背景には、在籍校の出席扱いや成績評価を得る狙いもあった。特に卒業後の進路選択において全日制高校への選択肢を確保しづらいという課題があったからだ。そこで、クラスジャパンは指定教科書や学習指導要領に対応したICT教材「すらら」や「デキタス」、「eboard」などを活用し、在籍校の出席認定や成績評価を得られやすい土台を整えた。

こうした背景には、2016年に成立した教育機会確保法も影響する。

ITを活用した出席扱いについては、2005年文部科学省通知※7により学校長の判断で認定できることが認められていたが、長く全国的に積極的な活用は行われてこなかった。国は教育機会確保法に基づく基本指針をまとめ、2019年の通知※8において、改めて「ICT等を活用した学習活動を行った場合の指導要録上の出欠の取扱いについて」を明記し、こうした動向も追い風となっていた。

またクラスジャパンは、2020年に経済産業省が実施する「未来の教室」実証事業の採択を受け、「OJaCプロジェクト」を17の自治体と実施。「不登校児童生徒を対象としたICTを用いた在宅学習における出席・学習評価のガイドライン」を策定し、全国の自治体へ配布した。OJaCでは、すでに実施していた在宅学習サービス、ホームルーム、部活動等に加え、オンライン留学などの「オンライン体験活動」をスタートし、利用者の「好き」「楽しい」から始まる支援にも力を入れている。こうした「オンライン体験活動」は、その後、同様の取組が他のオンライン型フリースクールにも広がっていった。

もう一つ、オンライン型フリースクールで台頭してきたのが、学校法人角川ドワンゴ学園が運営する「N中等部」である。N中等部も前述した運営主体が「学校法人」に位置づけられるフリースクールで、広域通信制高校のN高校(沖縄県うるま市)、S高校(茨城県つくば市)と共通した理念に基づく教育が行われている。

インターネットと通信制高校の制度を活用したネットの高校として、2016年にN高校が沖縄県に開校。母体となった出版大手KADOKAWAグループの強みを活かし、学習やプログラミング、その他多様な専門分野のプログラムの多くをオンラインで実施している。

同校がそのノウハウを活かし、2019年に開設したのが「N中等部」である。初年度は既存の通学拠点をベースに通学型のプログレッシブ

※7　文部科学省「不登校児童生徒が自宅においてIT等を活用した学習活動を行った場合の指導要録上の出欠の取扱い等について(通知)」平成17年7月6日付

※8　文部科学省「不登校児童生徒への支援の在り方について(通知)」令和元年10月25日付

スクールとして開設したが、翌年2020年にネットコースを新設した。高校と同様に様々な教育サービスをオンライン上で受講することができ、学習のほかプログラミングや語学、動画クリエイター、WEBデザイン、ファッション、美容、ゲーム、職業体験など多様なサービスを受講できる。2022年4月現在で、ネットコース763名、通学コース460名が利用する。

また、近年はネット上の仮想空間(メタバース)を一つの教室や居場所として運営する新しいタイプのオンラインフリースクールも出現し始めている。これまでのオンライン形態は、スクールと自分が空間を超えて「つながる」という効果をもたらしたが、現実として「実際にはそこにいない」という意識も強かった。一方、メタバースの世界では、自身のアバターを仮想空間の居場所に投影させることで、自分が実際にその場で行動し、交流できるという疑似体験を実現させた。これまでのオンラインだけではつかみきれなかった「そこに誰がいるのか」「近くにいるのか・遠くにいるのか」「何があるのか」といった空間的な感覚を実現させたのである。

オンラインと言っても、その形態は多様化しており、それぞれが子どもたちの成長にどう寄与しているのか、その違いや分析は今後必要性が増すと考えられる。

(10)大学が運営・連携するフリースクール

大学がフリースクール等を開設したり、連携する動きも見られた。

東京未来大学(東京都足立区)は2015年に「東京未来大学みらいフリースクール」を開設。前述した通り、運営母体は学校法人三幸学園で、通信制高校の飛鳥未来高校・飛鳥未来きずな高校も運営するため「中等部」としての位置づけとしても捉えることができる。2023年3月現在、足立区内2か所で教室を運営しており、「綾瀬クラス」は通信制高校や専門学校と同じ校舎で教室を展開しているが、2021年から開設した「六町クラス」は大学の敷地内に教室を併設している。

筑紫女学園大学（福岡県太宰府市）は太宰府市教育委員会と連携し、不登校の子どもの居場所づくり「キャンパス・スマイル」事業を2019年に開始。事前に養成講座を受講した大学生「筑女スマイル・サポーター」が対応し、子どもの目的に合わせた居場所づくりを行っている。

滋賀大学（滋賀県彦根市）は地域連携教育推進室が中心となり、2019年から「不登校プロジェクト」を実施している。同大彦根キャンパス経済学部の学生を中心に1年間のゼミ授業として取り組まれ、プロジェクトの一環として彦根地域のフリースクール等の居場所、支援機関などをまとめた情報サイトを開発した。また、コロナ禍で実現には至っていないものの、大学内でのフリースクール運営も活動方針にある。

(11)公設民営フリースクール

前回調査直後、官民が連携してフリースクールを開設する形態も生まれた。こうした公設民営型のフリースクールは、自治体が民間にフリースクール等の運営委託を行う形式で、2003年に大阪府池田市がNPO法人トイボックスに委託し開設されたフリースクール「スマイルファクトリー」、神奈川県川崎市がNPO法人フリースペースたまりばに運営委託し開設された「フリースペースえん」が全国で初めての事例となった。

共に指定管理者制度が用いられ、池田市は廃舎となった社会教育施設（後に旧小学校跡地へ移転）、川崎市は青少年教育施設「川崎市子ども夢パーク」の管理をそれぞれの団体に指定し、フリースクール等が運営される。

設立経緯や運営内容は各自治体によって異なるが、公設民営の大きな特徴は市内在住の子どもたちの利用費が無償となる点だ。一方で、活動内容に具体的な制約はなく、あくまで各団体の自由な活動が守られている。出席認定等に関しても、在籍校の校長裁量という原則は変わらないが、公設という点から学校との連携や理解が図られやすい。

なお、川崎市の「フリースクールえん」では、市外在住者の利用も可能で、希望するすべての子どもが出席扱いを受けているという。

(12)全日制高校が運営するフリースクール

福岡県の私立全日制高校「立花高校」(学校法人立花学園：福岡県福岡市)は、2022年から同校敷地内に中学卒業者以上を対象とした「フリースクールたちばな」を開設している。同校は単位制・全日制高校として、長年、不登校経験者や発達障害のある生徒を受け入れてきた。しかし、近年は志願者が入学定員を大きく上回り、多くの生徒を受け入れきれなくなる状況が続いていた。本来、担ってきたセーフティーネットの役割が果たせなくなった背景からフリースクール開設に至っている。

ただ、不合格者の受け皿という狙いはなく、あくまでどの支援先にもつながっていない中学卒業以上の若者の居場所として、この活動を位置づけている。高校教員による学習支援や在校生との交流、全日制高校の授業に参加できるなどの活動はあるものの、それが単位修得や高校卒業資格取得と直結するような活動にはなっていない。高校教育の補完という要素もなく、あくまで利用者の意思を尊重したオルタナティブな活動を重視している。

中学生以下を対象としないのは、地域の居場所のパワーバランスを考慮してのことだ。ただ、義務教育段階の支援機関は官民ともに数多く存在するものの、高校生段階の支援が手薄であるという現実もある。高校に在籍しない限り、どこにも所属先がないという地域の課題が設立の背景としてあった。

(13)まとめ

本稿では主に2003年調査以降に増加した新しいタイプのフリースクール等について述べた。

特にサポート校、学校法人が運営するフリースクール(中等部、中学生コース等)のほとんどは、広域通信制高校を母体しており、多店舗展開を特徴とする経営戦略が活かされたことで、一法人が一気に複数のフリースクールを開設するという現象を起こした。

また、オンライン型フリースクールに関しては、ICT特有の時間と空間を超えた活動を実現させ、いつでもどこでも多様な学びに触れられる機会をつくった。

こうした新しい形態が生まれていくことは、不登校という側面だけでなく、多様な学びを選択したいというニーズの高さを反映していると言える。そうした観点から見ても、近年、各地にその選択肢を広げたこれらの団体の存在は大きいものと言える。

経営の持続性という面では、第１章および第３章の２（江川）でも述べられている通りであるが、サポート校、学校法人主体のフリースクール等の特徴を上げると、特にスタッフの待遇面では、他団体との間に差が出ている。例えば、主な事業別の「残業手当」については、「サポート校」が最も高い75.0％となっている。ほかに、運営主体と「住宅手当」のクロスでは、他の運営主体が半数以下となる中で「学校法人」は90.0％で実施されており、「賞与・期末手当」のクロスにおいては、「個人」（6.7％）、「任意団体」（0.0％）、「NPO法人」（41.5％）、「有限・株式会社等」（54.2％）に対して、「学校法人」「福祉・医療法人等」は100％で実施されている。

これらを見る限りでは、ある程度、安定したスタッフによる運営が行われていると考えることもできる。

一方で、活動方針については従来のフリースクール等が実践してきたオルタナティブな活動や教育理念とは一線を画し、改めて「フリースクールとは何か」という定義を考えさせる大きなきっかけとなった。子どもたちの意思決定機会についても、20年前の調査から、こうした新しいタイプのフリースクール等については、そのプロセス自体が変化してきたようにも思えた。

今後はこれらの違いを十分に分析し、互いの利点を共有しながら相互理解を図っていくことも、フリースクール全体の発展には必要な要素だと考える。

海外のフリースクールから見た日本のフリースクール 2003年調査からの変化

朝倉 景樹

TDU・雫穿大学 代表

(1)はじめに

フリースクールという言葉は国語辞典にも記載されるようになり、一定の市民権を得ている。このフリースクールという言葉は海外から取り入れたものである。本稿では海外のフリースクールから見た今回の調査から浮かび上がる日本のフリースクールの特徴を2003年調査からの変化を交えてうき彫りにする。

(2)海外のフリースクールと日本のフリースクール

①海外のフリースクール(デモクラティックスクール)

もちろん、フリースクールの源流と言い得る試みは様々な時代の様々な場所で散見されるが、その始まりは20世紀初頭の新教育運動とされる。国家、社会が国民に身に着けることを求める内容を義務教育で修めさせる国民教育が教育の大勢を占めるようになった状況で、そのような国民教育への批判として欧米を中心に、当時の新興国日本も連なって展開された。批判というのは以下のようなものである。

- **学校は子どものさまざまな活動を有機的に把握していない。**
- **教材が子どもの興味や発達とは無関係に構成されている。**
- **教科が子どもの思考能力の発達を配慮しないまま導入されている。**
- **ほとんどの教科で、余りにも多くの内容が教えられ、子どもはそれを消化できない。**
- **言葉を使って教える(知的学習中心の)教科が多すぎる。**

・学校教育の中で子どもの個性的、自己管理的活動が認められていない。

1世紀以上経った現在でもこの批判は基本的にあてはまる。このような教育に対して新教育運動が掲げたのが以下の基本方針である（1921年新教育協会基本方針）。

・子どもの内発的能力を尊重する教育を目指す。子どもには子どもの独自性があるのだから教師はそれに精通し、それを尊重しなければならない。教師が忘れてはならないことが二つある。子どもの力は内から外へ向かう、その力は、子どもの知的、感性的能力に活動の場を与える授業によってのみ発達する。この二点である。

・多面的で全人的教育を目指す。新しいタイプの学校は、子どもの心に成長してきた関心を正当に評価するところから出発する。そこでは、感性と人格の形成および知識の伝達の両方が求められる。

・学校共同体は自己管理でなければならない。子どもと大人が協力してつくりあげるものであり、共同して運営されるべきである。

・教育の新しい精神は我欲的な競争を避け、協力関係による教育の中で、社会に役に立つ事柄を、強制によらず学ぶような共同創造のセンスを獲得する。

第1回新教育国際会議、1921年、フランス・カレー

このような新教育が活発化していく中で現在につながる多くの新しい教育が生まれてきた。モンテッソーリスクール教育（1907年）、シュタイナー教育（1919年）、フレネ教育（1924年）などがある。そこには、現在も続くイギリスのフリースクール、サマーヒルスクール

(1921年)も名前を連ねている。

現在の世界ではフリースクールは「デモクラティックスクール」という言葉を使うことが一般化してきている。世界のフリースクール（デモクラティックスクール）の運動で中心的になっているのは1993年に始まった国際デモクラティック教育大会（日本では「世界フリースクール大会」と紹介され、2000年には東京で開催された）となる。この大会の初期の十年ほどはフリースクール（デモクラティックスクール）とは何かが盛んに話し合われた。2005年にはその大会の決議あるいは宣言として以下のような文章を採択した。

- **私達はどのような学びの環境においても子ども・若者は以下のような権利を持つものと信じる。**
- **一人一人がどのように、いつ、何を、どこで誰と学ぶのかを決めることができる。**
- **子ども・若者はどのように自分がいる団体、とりわけ学校についてはその運営について対等に意思決定に参加することができる。規則や必要な場合にはその罰則についても同様である。**

国際デモクラティック教育大会、2005年

国際デモクラティック教育大会で議論を積み重ねてきた時には、これを満たしていなければフリースクール(デモクラティックスクール)ではないというような縛りにならないようにということを配慮し、このような文章を発表した。この大会の参加者には研究者もいるが、主たる参加者はフリースクール(デモクラティックスクール)の子ども、スタッフ、親たちが中心であり、実践から大切だと考えていることを言語化している。

この文章からもわかるように、世界のフリースクール(デモクラティックスクール)で大切だと考えられているのは、子ども・若者の学びについての自己決定が保障されていること、自分が所属するフリースクール(デモクラティックスクール)の運営の意思決定に参画できるということだ。

また、海外のフリースクール(デモクラティックスクール)と日本のそれの大きな違いに、海外ではフリースクールはその名のようにスクール＝学校と見做されているということである。独自の教育思想を持つ学校であるという認識を持たれているのが通常である。そのため、学校としての認可を得ていることが珍しくなく、それが当たり前のように思われている。日本のフリースクールから国際デモクラティック教育大会に子どもが参加した折に「私は不登校をしているので学校に行かないで、フリースクールに通っています」と自己紹介をしたことがあった。その際、「フリースクールというスクール＝学校に通っているのに学校に行っていないというのはどういうことなのかわからない」という質問が出るような違いがある。

学校としてフリースクール(デモクラティックスクール)が制度に位置づいている諸外国では、オーストラリア、ニュージーランド、韓国のように行政からフリースクール(デモクラティックスクール)に財政支出がある場合もあれば、アメリカやイギリスのように無い場合もある。そのアメリカやイギリスでも税制の優遇措置があったり、奨学金制度の対象になったり、社会から様々なサポートが得られている点も日本との違いになっている。

従って、社会のフリースクール(デモクラティックスクール)の見方、認識の仕方も違っている。海外ではフリースクール(デモクラティックスクール)は教育の一つとして認識されているのに対し、日本では不登校の子どもの通うところという認識で、オルタナティブな学びの場所の一つと言うよりは不登校の子どもを受け止めている場所という認識である場合が少なくない。

②日本のフリースクール

新教育運動に日本の教育は早い時期から参加してきた。文部省の始まりはイギリスの教育省より早く、先述した国民教育の問題点はすでに日本の学校教育の問題でもあった。フリースクールに関しても1928年に霜田静志はサマーヒルスクールを訪問し、サマーヒルスクールの設立者であるアレキサンダー・ニイルの著作を全8巻の『ニイル叢書』として翻訳刊行している。黒柳徹子の幼少期を描いたベストセラー『窓ぎわのトットちゃん』で知られたトモエ学園もサマーヒルスクールを参考にしたと言われている。

現在のフリースクールはこれらの新教育運動の流れを直接引いているわけではない。現在のフリースクールは1985年からどんどん増えてきたものであり、不登校の子どもの増加と繋がっている。日本のフリースクールの特徴に不登校の子どもが主に通うところということがある。そして、フリースクールは学校ではないということも特徴である。勿論、この二つのことは密接なつながりがある。学校で嫌な思いをしてきた子どもたちからすると、自分が安心していられる(居場所)は学校的なにおいが強いところであってはならない。

従って、フリースクールでは先生という言葉を使わずスタッフという言葉を使うことが一般的だ。時間割を持たないというところもあるし、週間予定表をタイムテーブルと呼んでいるところがあるのも、学校的な要素を無くしたい、減らしたいという思いからきていることも多い。海外のフリースクール(デモクラティックスクール)ではティーチャーと呼ぶのか、スタッフと呼ぶのかにあまりこだわりが無いというところが少なくないが、それには日本のフリースクールと社会の中で位置するところが違っているからである。

(3)調査に見る日本のフリースクールの特徴

それでは、今回の調査から日本のフリースクールの特徴を見ていきたい。必要に応じて2003年の前回調査との比較も行っていく。

①自己決定・スクールの活動の意思決定のあり方

a.子ども・若者の自己決定

フリースクールに入るのに際し「本人の意志を確認し、意志がある場合のみ入会している」との回答は90.0%(前回調査81.7%)で、「本人の意志に関わらず、入会している場合がある」は6.1%(前回調査6.7%)、「その他」は3.9%(前回調査9.2%)となっている。日本の一般の学校のことを考えるとかなり高い数値である。公立小中学校に入るに際して、どの学校に進学するか自分で決めてよいと日本の子どもには感じられない。私立の学校でも親の意向が働いていることが少なくない。諸外国のフリースクールの中には原則全員が意思を確認されているわけではないということに驚くところもあるだろう。海外と日本とでのフリースクールの成り立ちの違いも反映しているものと思われる。

調査では、プログラムなど活動への参加に際して子ども・若者の意思がどのように反映しているのかも聞いている(表4-1)。

表4-1
プログラム参加時の子ども・若者の意思の反映(%)

	2003年(N=120)	2022年(N=184)
参加するプログラムは決まっている	9.2	9.2
選択することができるが、どれかのプログラムには参加することになっている	2.5	5.4
プログラムへの参加は、出ないことも含めて選択できる	73.3	79.3
その他	15.0	5.9
合計	100.0	99.9

個々の子ども・若者のプログラム参加に関する意思決定は、かなりの程度尊重されているという数字が示されている。「プログラムへの参加は、出ないことも含めて選択できる」という選択肢は基本的に自分の行動に関しての自己決定が認められているということと思われる。海外のフリースクールではこれが基本であり、8割に満たないということが予想されるより小さな数字ということになるように思うが、日本では大きな数字と言ってよいように思う。

今回の調査では72.5%のフリースクールが教科学習のプログラム

を定期的に行っており、必ず出なければいけないのは17.5%だった。前回の調査では55.0%が定期的に教科学習のプログラムを持ち、出ることになっているのは9.2%だった。教科学習のプログラムを定期的に持ち、参加を重視しているフリースクールが全体としては増えているようだ。

ただ、教科学習とはどのような学習を指すのかは解釈の幅がある。国語、算数、理科、社会のように一般の学校の科目をイメージして回答しているフリースクールもあるだろう。中には、独自に数や形でものごとを捉える独自の授業を数学、地域の職人に話を聞いたり、時代物の映画を見たりすることを社会の授業としているところもある。日本のフリースクールでは教科学習を前者と捉え回答していることが多いと考えられる。海外のフリースクールは後者の発想が基本で、それぞれ数学、社会の教科学習と捉えることに違和感が無いことが多い。

b. フリースクールの活動への子ども・若者の意思決定のあり方

フリースクールの活動に関する話し合いや意思決定を行う場として「子ども・若者による会議・ミーティング」の有無を聞いた問いでは52.7%があると答えている(2003年調査では57.5%)。諸外国のフリースクールでは、子ども・若者が自分たちが団体の意思決定に参加することが重視されており、違いがみられる。イスラエルのあるフリースクールでは、一堂に会して直接話し合うことができる人数をそのフリースクールの定員に決めたという話があるくらい、直接の話し合いにより意思決定の場は重視されている。

調査に答えた団体の自己認識を「フリースクール」「フリースペース」「居場所」「オルタナティブスクール」「塾・予備校」「サポート校」の選択肢で聞いた問いとのクロス集計を見てみた。「子ども・若者による会議・ミーティング」があるという回答が多かったのは「フリースクール」で59.6%だった。一方、少なかったのは、「フリースペース」(25.0%)、「居場所」(23.5%)、「塾・予備校」(33.3%)、「サポート校」(42.9%)であった。

もちろんこれらの「子ども・若者による会議・ミーティング」の中身は非常に幅があることが予想される。また、規模の小さいフリースクールでは個々のコミュニケーションの中で子どもの意向をくみ取っているということもあるので、この結果だけから日本のフリースクールは子どもの意思が意思決定の過程で反映されていないとは言えない。しかし、話し合いの中でフリースクールの活動を決めていくという文化が諸外国に対し薄いと言えそうである。

今回の調査では7.2%が子ども・若者がスタッフの人事にも関わっているとなっている(2003年調査では9.2%)。日本の一般学校での子ども・若者の参画状況を考えると、とても大きな数字だ。一方、海外のフリースクールでは、活動の内容だけではなく、スタッフの人事まで子ども・若者が参加する形で意志決定されているところが少なくない。

表4-2
団体による自己認識

団体による自己認識	2003年 (N=120)	2022年 (N=184)
フリースクール	41.7	57.6
フリースペース	21.7	2.2
居場所	11.7	9.2
オルタナティブスクール	13.3	10.3
塾・予備校	5.0	4.9
サポート校	0.8	7.6
その他	5.8	8.2
合計	100.0	100.0

上記のように、フリースクール調査に回答した団体の自己認識は前回の調査から変化が見られる。フリースペースが大きく減り、フリースクールとサポート校が増えている。フリースペースはフリースクールと名前を変えるなどのことも珍しくないため、フリースクールとフリースペースを合計して変化を見てみると次のようになる。

フリースクール・フリースペース	63.4%（2003年） → 59.8%（2022年）
サポート校	0.8%（2003年） → 7.6%（2022年）

そのように見るとフリースクール・フリースペースが3.6%減り、サポート校が6.8%増えている。フリースクールとフリースペースの合計は大きな変化が見られないが、サポート校は増えている。この調査回答団体の割合の変化が、上記の子ども・若者の参画の低下に影響している可能性は否定できない。また、上記の教科学習を実施している比率が2003年に比べ2022年が増えていることもこの影響が考えられる。

日本のフリースクールは個人の自己決定は結構尊重されている様子が今回、前回の調査を通して見受けられる。その一方、フリースクールの意思決定プロセスには諸外国のようには参画していないことがうかがわれる。子ども・若者がフリースクールの意思決定に参画することは海外のフリースクールの方が重視する傾向が見られる。この結果には、日本のフリースクールの多くが規模が小さいことも関係しているように思われる。家族の人数ほどのフリースクールでは、ミーティングを開くということがやりにくく、また、スタッフが個々の子どもの希望を汲んで提案したり、調整したりしながら運営しているところが多く、人数規模が大きい諸外国のフリースクールとは人数規模やキャンパスの大きさなどの違いがあることも勘案されてよいのではないだろうか。

②活動・プログラムの特徴

a.学びのプログラム

学びの進め方について下記の選択肢を設け質問している。下記のような結果となった。

表4-3

学習の進め方(%) (複数回答)

団体による自己認識	2003年 (N=120)	2022年 (N=184)
教科学習の補充を主とする	45.0	63.6
通信制高校通学をサポートする	40.0	44.6
その他の方法で、学習をすすめている	31.7	39.7
独自のプログラムをもっている	28.3	37.5
上級学校受験をサポートする	27.5	32.1
高卒認定(大検)試験の受験をサポートする	25.0	27.2
特に学習のサポートは行っていない	15.8	10.9

海外のフリースクールでは、フリースクールとは独自の哲学を持ったスクールという位置づけである。すると自ずと、子どもの興味に合わせた学びを、しかもスタッフも面白いと感じられる学びをしよう、となる。そう考えると「独自のプログラムをもっている」の37.5%という数字は小さい。使っている教材でも「学校の教科書」(62.5%)、「学校配布のプリント」(44.3%)、「通信制高校のレポート」(43.8%)ということは違いを感じる。従来の学校・スクールと違う学校・スクールを望んで作ったのだから、学びも違うやり方でやるということが諸外国の多くのフリースクールでは自然である。そもそも、高校年齢の子どもがいるフリースクールで「高卒認定試験の受験をサポートする」ということが基本的に教育制度として起きない。フリースクールが学校である場合、他の学校にレポートを提出する必要はないのだ。

前回調査との比較では、「特に学習のサポートは行っていない」というもの以外、すべての項目で数値が上がっていることがわかる。特に一番数値の大きかった「教科学習の補充を主とする」は18.6ポイントも数値が伸びている。「独自のプログラムをもっている」の伸びは9.2ポイントであり、さほど伸びていない。

b.幅広いプログラム

定期的なプログラムとして10%以上回答されたものを紹介すると、教科学習、体験的な学び、スポーツ、実験、料理、工作、ものづくり、絵画・工芸 、漫画・イラスト、楽器 、コーラス・合唱 、演劇、ダンス、通信・同人誌づくり、映像作成、その他の表現活動、農作業、飼育、読書・読み聞かせ、他のフリースクール交流、地域交流、国際交流、その他外部との交流、仕事体験、職業訓練、野外活動、ボランティア活動、外遊び、お泊まり会、ミーティング、委員会 、サークル活動、道徳となる。非常に幅広いプログラムが行われている。表現的なプログラム、体験的なプログラムなどが多い点が諸外国フリースクールとも共通している。日本のフリースクールでは、学校に比べると講師に教員資格を求めるなどの制限も無く、保護者や近隣の人などかなり柔軟に講師を依頼している。

③学校ではない日本のフリースクール

a.団体の社会的位置づけ

今回の調査ではフリースクールの運営主体が次のようになった（表4-4）。世界に目を向けると、イギリス、オーストラリア、ニュージーランド、近年は台湾なども基本的には学校として制度に位置づいている。

一方日本では、最も多かったのはNPO法人で42.6%であり、次に多かったのは「個人（夫妻・家族も含む）」つまり任意団体の19.1%だった。

フリースクールが団体として法人格を持ち社会に位置づいているかどうか、それがどのような法人格であるのかということはフリースクールの運営上様々な影響を持つ。フリースクールのスタッフにとっては雇用条件の整備という点で大きな違いを生む。雇用保険、健康保険、年金保険などの制度に団体の被雇用者として加入できるかどうかも違ってくるし、諸外国の場合、フリースクール自体が学校と同等の教育法人として社会に位置づいていると税制優遇が受けられたり、子どもが奨学金制度を活用できたり、地域の社会資源を活用する際に無料ないし低額で使えたり利用を優先されるということがある。また、障害を持つ子どもの受け入れに際して、必要になった人件費の補填や、設備費の負担なども得られたりしている。そもそも年間予算の一定割合を行政から支出されているところもあるし、校舎や設備の費用も一定割合で行政からの費用で賄っているところもある。一方日本では、今回の調査で見ると、普段使用している屋外スポーツの場所を所有しているフリースクールが12.1%にとどまっているのは、社会からのサポートが極めて薄いことの表れである。

表4-4
団体の運営主体(%) (複数回答)

団体による自己認識	2003年 (N=120)	2022年 (N=184)
NPO法人	23.3	42.6
個人(夫妻・家族も含む)	38.3	19.1
有限会社・株式会社等の法人	5.8	16.4
学校法人	—	7.1
親の会など、数人の任意団体	25.8	3.8
福祉法人・医療法人等の公益法人	3.3	2.2
その他	3.5	8.7

フリースクールの運営主体について前回調査の数値を見ると、大きな変化が見られる。それは、個人運営、任意団体が減り、NPO法人や会社などの法人が大いに増えたことである。2003年調査では個人と任意団体を合わせると64.1%と3分の2に迫る比率であったが、2022年調査では22.9%と大きく数を減らしている。個人や任意団体であったフリースクールが、NPO法人化したということが大きい。また、今回の調査で会社が増えたり、学校法人が調査項目に足されたりした。株式会社立や学校法人立の通信制高校や、大学が設立したフリースクールが増えるなどのこの約20年の変化を反映している。

b.規模・設備・スタッフ

日本のフリースクールは規模が小さい。海外では50～60人程度のフリースクールはたくさんあり、200人、300人を超えるフリースクールもある。

図4-1

人数規模(%) (2022年・n=96)

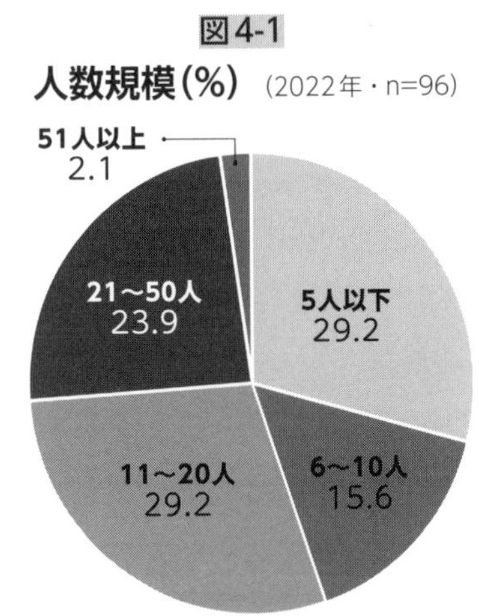

図4-1は今回の調査でのフリースクールの子どもの人数である。最も多いのは5人以下と11人から20人までの29.2%である。子どもの人数が20人のフリースクールが約4分の3を占めている。人数規模が少ないということは、学びや遊びなどのプログラムが少人数で行われているということであり、授業などの人数も少なく、一人一人に目が行き届いている環境にあるということがわかる。授業形式の参加人数の問いで一番多かった答えは「1人」(50.9%)、「2～3人」(21.9%)、「4～5人」(10.5%)となった。また、人数規模が小さくならざるを得ない事情もある。金銭的な支えが社会から得られないため、大きな建物を使うことが難しかったり、スタッフの人数を多くしたりすることが難しいという状況がある。

c.学校との関係

学校との関係という調査項目は、とりわけ日本のフリースクール独自の項目である。学校としての認可を行政から取る取らないにかかわらず、海外ではフリースクールはスクール、学校である。フリースクールが学校ではない日本では、出席報告は公民連携の一環として言及されることがある。これは、フリースクール側がフリースクールで過ごしている不登校の子どもの様子を在籍校に書面で報告することが一般的な形である。しかし、逆に在籍校からフリースクールに在籍する子が学校に通った際の報告は無い。日本の公民連携での学校連携はフリースクールから学校への情報提供であることが多い。このような情報提供は学校での出席扱いや学割定期券と繋がっており、重視せざるを得ない。一方、フリースクールとしては結構な事務作業負担を負うこととなっているが情報提供しないことは難しい。出席認定は義務教育段階である小中学校に関しては進級卒業の要件ではないが、進級卒業などに影響すると思っている親からするとフリースクールに対して出して欲しいと望むことが一般的である。また、フリースクールに通う際の学割定期券取得制度はフリースクールの子どもと親が中心になって1992年に運動して実現したものだ。適応指導教室なども使えるようになり、フリースクール以外にも活用されている。そのような例は海外でも珍しい。

表4-5

学校への出席報告の提出の仕方(%)

	2003年 (N=120)	2022年 (n=179)
原則として、出席報告などを提出している	15.8	60.3
学校側からの求めに応じて、出席報告などを提出している	58.3	26.8
どのような場合でも、出席報告などは提出していない	15.0	3.4
その他など	6.7	9.5
合計	95.8	100.0

今回の調査では87.1%のフリースクールが学校に出席報告をしている。提出していないというフリースクールは3.4%に過ぎないため、殆どのフリースクールが在籍校に出席報告を行っている状況がある。2003年との比較では、学校の求めがある場合に報告するというものが58.3%であったが、現在は原則報告するというものが60.3%となっており、要望に基づいて報告するから、基本報告するという変化が見られる。一方、報告しないというフリースクールは15.0%か

ら3.4%と減っている。フリースクールが増えていった1990年代は、学校にこだわらない学び育ちの場をつくるという意識がフリースクールに強かったこと、その後、フリースクールと学校の連携という機運が高まっていったことが表れている。

学校との連絡の際の子どもの意思の尊重は重要である(表4-6)。2022年調査では親子共に希望を踏まえているという回答が約7割となった。前回調査に比べると連絡に際して子どもや親の希望を聞くという数字が増えている。子どもも親も学校に連絡を取られるということへの抵抗感が以前に比べると小さくなっているということが反映していると思われる。また、学校と連絡を取ることは無いという回答が減っていることも、学校と連絡を取るということが基本になってきているためであろう。

表4-6
学校と連絡を取る際の意思確認(%)

	2003年(N=120)	2022年(n=182)
親・本人ともに希望を聞いている	57.5	69.8
親のみに希望を聞いている	9.2	18.1
本人のみに希望を聞いている	0.8	0.5
親・本人ともに希望を聞いていない	3.3	4.9
連絡を取ることはない	13.3	2.7

(4)まとめ

世界と比較すると日本のフリースクールは幅の広い教育活動を展開し、かつ、少人数教育として実践している。家庭への経済負担も世界の比較としては小さい。表現や体験的な活動に重きを置いているところは共通しているところである。

表4-7

フリースクールの財政規模(%) (2022年・n=120)

250万円以下	28.3
500万円以下	15.8
1000万円以下	29.2
2000万円以下	18.3
2000万1円以上	8.3

裏返すと、小規模で、学費も安いということになる。さらに、政府からの税制支援もほぼ無く、教育機関としての社会的な認識も社会からの支えも薄くなっている。財政規模は500万円以下が4割を超え、1000万円以下がほぼ4分の3を占めている。多くのフリースクールは校地校舎を持たないため地代家賃を払う必要もあり、教育活動に使える予算も人件費も限られる。その中で多様なプログラムを工夫と経験で実現している。

しかし、スタッフの待遇は厳しい状況にあり、64.7%が20万円以下の月給で働いている。スタッフの勤務年数が5年未満が54.1%であることにつながっている可能性がある。スタッフの約半数(48.4%)が39歳以下で若い人が多いと言えるが、給与が安いため40代以上が少ないということも考えられる。年代別のスタッフの継続意思を見ると、若いほどスタッフの継続意思が小さくなる。深刻なのは、続けたいのに続けられないという層が若いほど多いということだ。

表4-8

年代別スタッフの継続意思(%) (2022年・n=155)

	続けていくと思う	続けたいが続けられない	続けるつもりはない
18～29歳	69.0	20.7	10.3
30～39歳	82.6	15.2	2.2
40～49歳	87.5	12.5	0.0
50～59歳	92.3	7.7	0.0
60歳以上	94.7	5.3	0.0

もちろん、フリースクールも若いスタッフが働きやすいように可能な範囲で努力している。前回調査と比べると、育児休暇を制度化しているフリースクールは11.8%から47.0%に、産休は14.5%から44.0%に、住宅手当も9.2%から24.6%に、残業手当も3.9%から38.1%へ、健康診断は13.2%から52.2%へと増えている。

フリースクールはここに工夫を凝らして若いスタッフにも働きやすい努力を凝らしている様子がうかがえるが、日本社会では相応の学費にあたる会費を払うという親の理解は高くなく、子どもが学び育つ場所としての社会的な認識とそれにふさわしい行政による財政支援などのサポートが著しく低いと言える。

日本のフリースクールは限られた環境の中でかなり工夫と努力を重ねていることがうかがえる。しかし、諸外国のフリースクールと比べると子ども中心の学びという点が鮮明ではない。上述のように学びの中で最も多いのが「教科学習の補充を主とする」ということでは、一般学校の下請けのようなイメージにつながりかねない。海外のフリースクールは子ども中心の学びも大切にしているところが多く、学びの内容・進め方にも特徴があることが多い。日本のフリースクールもこの点についてはさらに充実させ、社会にアピールしていく余地がある。

参考文献

朝倉景樹「オルタナティブエデュケーション」『「こころ」の仕事』アクロス編集室編、PARCO出版、1996年

栗山次郎『ドイツ自由学校事情』新評論、1995年

フリースクールにおける ICTの活用のこれから ～多様な学び保障のために～

村山 大樹

帝京平成大学 人文社会学部 児童学科 講師／ NPO法人eboard 理事

(1)はじめに

現在、急速な社会の情報化に伴い、子ども達が生活の中でICTと関わる場面が増えている。近年では、仮想現実空間(メタバース)を活用したフリースクールや子どもの居場所サービスの登場をはじめ、オンラインのみで支援を展開するフリースクールなど、時間や場所に縛られない新しい不登校支援の在り方が登場している。また、学習のツールとしても、オンライン上には世界中のさまざまな学習コンテンツが存在し、その子どもの特性に応じた学びの環境づくりの一助とすることができる。ICTは、フリースクールにおける多様な学び、あるいは一人一人の尊い成長を今までにない形で応援するツールとなり得る可能性を秘めているのである。

令和4年6月に示された「不登校に関する調査研究協力者会議報告書～今後の不登校児童生徒への学習機会と支援の在り方について～(通知)」※1では、各教育委員会に対しICTを活用した教育相談体制の構築に積極的に取り組むよう要請している。一方で、不登校の子どもに情報端末を渡すと余計に引きこもったり、学校や社会と離れてしまったりするのではないか、という危惧や弊害も耳にする。ICTのメリット・デメリット両面を丁寧に整理して、より良い使い方を模索することが必要である。

こうした背景を踏まえ、本節では、本調査で新規項目として追加されたICT活用についての結果に触れながら、現在のフリースクール等でのICT活用の実際とこれからの展開について、国の施策等との関連も交え

※1　文部科学省初等中等教育局児童生徒課長「『不登校に関する調査研究協力者会議報告書～今後の不登校児童生徒への学習機会と支援の在り方について』について(通知)」(2022年6月)

ながら考えてみたい。まず、本調査で捉えられるフリースクール等におけるICT活用の現状とその課題を報告する。続いて、国の進めている教育の情報化の動向や、学校に求められている生徒指導上の視点について整理する。さらに現在現場で行われているICT活用に関する具体的な工夫や課題に迫るために実施した追調査（インタビュー）の結果を報告する。これらを踏まえて、子どもたちの多様な学びを保障する手立てとして、ICT活用にどのように向き合っていくべきかについて考察することとする。

(2) フリースクール等におけるICT活用の実態（本調査結果の概要）

本項では、本調査の結果からフリースクール等におけるICT活用の実態について整理するとともに、その課題について考察する。

本調査での主な質問項目は、概ね次の内容に大別される。①ICTの活用方法、②端末の所有者、③在籍校との連携について、である。

以下にいくつかの回答結果を示しながら、本調査結果について考察したい。

①ICTの活用方法について

まず、フリースクールでのICT活用の有無について確認した。主とする事業によらず、日常の活動の中でICT機器の活用機会があることが見て取れる（図5-1）。

図5-1

主な事業別 子どものICT機器の活用機会の有無（%）

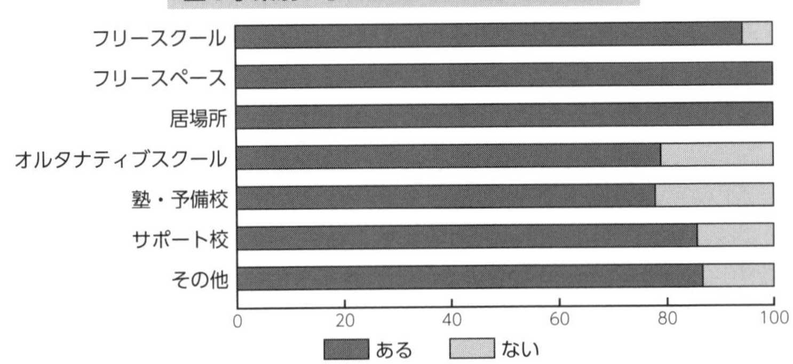

続いて、主な事業別にどのような場面でICTが活用されているかを確認した(図5-2)。

フリースクール・フリースペース・居場所を主な事業とする施設では、教科等の学習以外の活動での活用が多い傾向が見られ、逆に塾・予備校・サポート校を主な事業とする施設では教科等の学習で活用されることが多い傾向が見られた。

図5-2

主な事業別 ICTの活用場面(%)

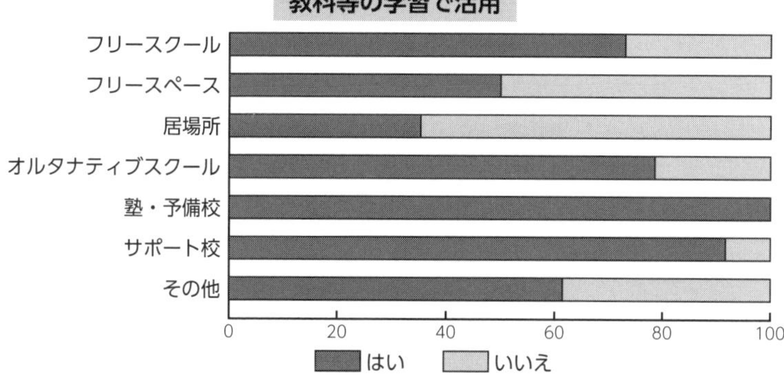

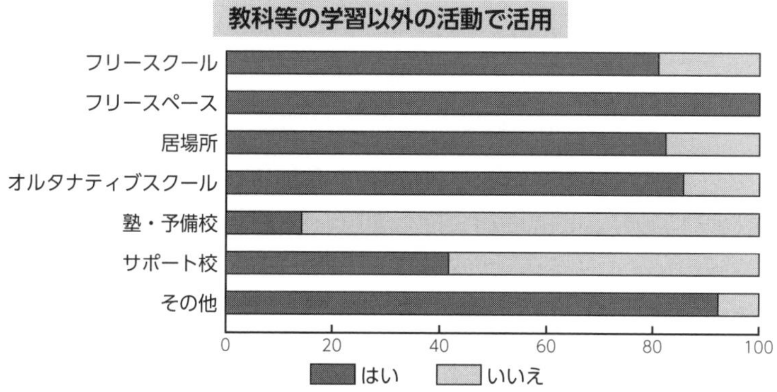

②端末の所有者について

次に、各施設で使用している端末の所有者について、主な事業別に確認した(図5-3)。

図5-3
主な事業別 使用している端末の所有者(%)

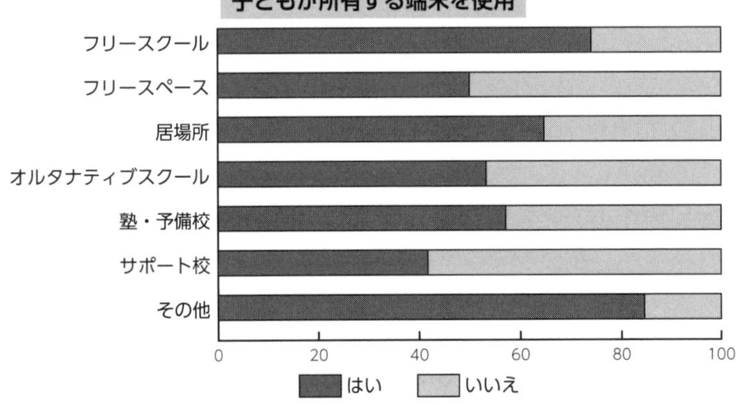

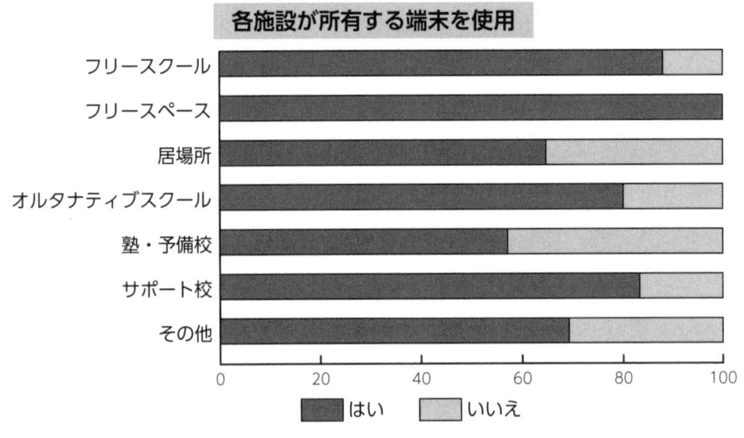

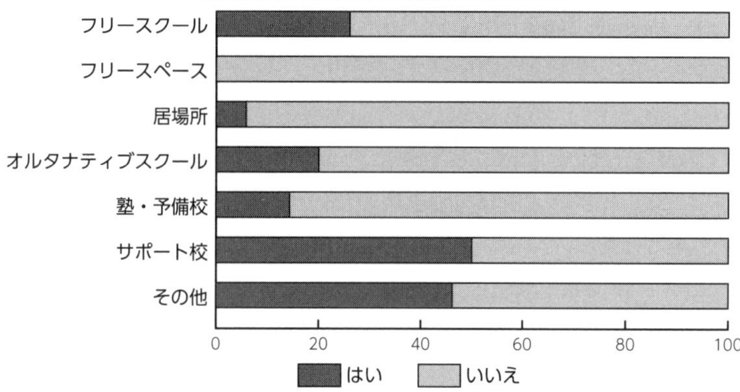

各施設で活用しているICT端末については、本人所有の端末または各施設で自前で用意している端末が多い傾向にあることが明らかとなった。一方で、学校(在籍校)が所有する端末を活用している施設は少ない傾向が見られた。

③利用しているICTサービスについて

次に、利用しているICTサービスについて主な事業別に確認した(図5-4)。

全体的な傾向としては、各施設で用意しているサービスや子どもが見つけてきたサービスを利用している割合が高い。一方で、在籍校で利用しているものと同じサービスを利用している割合は低い傾向が見られた。

しかし、主な事業別に見てみると、フリースクールやフリースペースは子どもが見つけてきたサービスを利用している割合が高いが、塾・予備校、サポート校では、各施設で用意しているもの、あるいは在籍校と同様のサービスを利用している割合が高い傾向が見られた。

図5-4
主な事業別 使用しているICTサービス等(%)

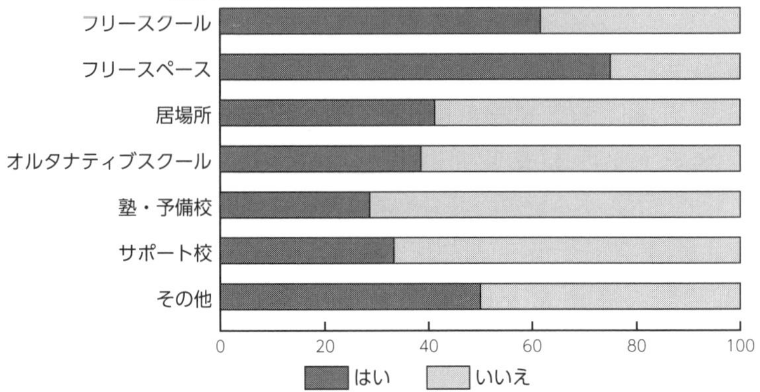

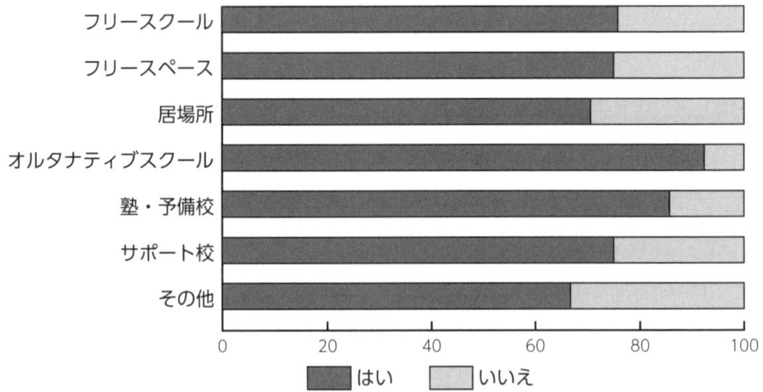

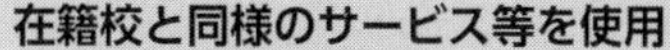

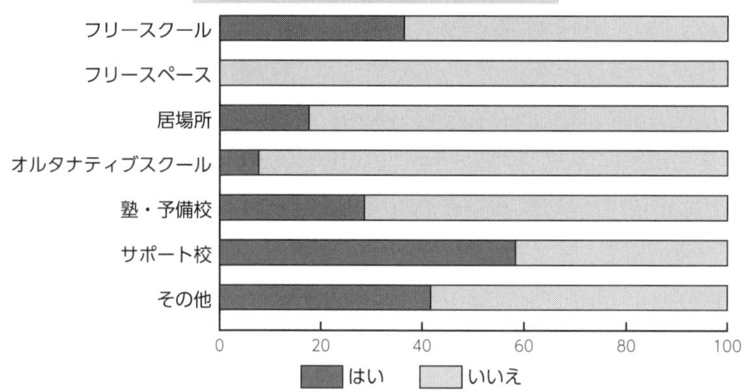

④ICTを活用した学習等に関する在籍校との連携について

最後に、ICTを活用した学習等に関する在籍校との連携の視点について確認した(図5-5)。

図5-5
主な事業別
ICTを活用した学習等についての在籍校との連携の有無(%)

ICTを活用した学習等に関する在籍校との連携

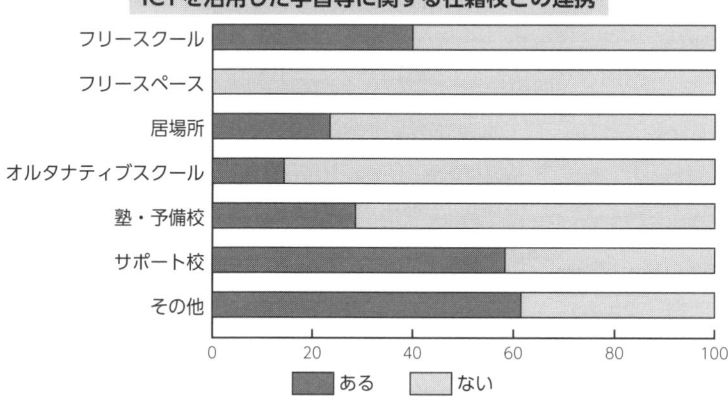

ICTを活用した学習等についての在籍校との連携有無については、施設の主な事業により傾向が分かれた。実施割合の高いサポート校は、

提携する在籍校(高等学校)との連携が行われていることが分かる。一方で、主として義務教育段階(小〜中学生)の子どもたちを対象とした事業(フリースクール、フリースペース、居場所)においては、在籍校との連携が行われていると回答した割合が低い結果となっている。

連携方法別に実施有無を見ると、「学習状況・学習履歴の共有」「在籍校の通知表等への反映」「在籍校での出席扱いの根拠資料」について、いずれの方法も、全体の実施率はそれぞれ26%以下という結果であった(図5-6)。

図5-6

主な事業別ICTを活用した学習等に関する在籍校との連携内容(%)

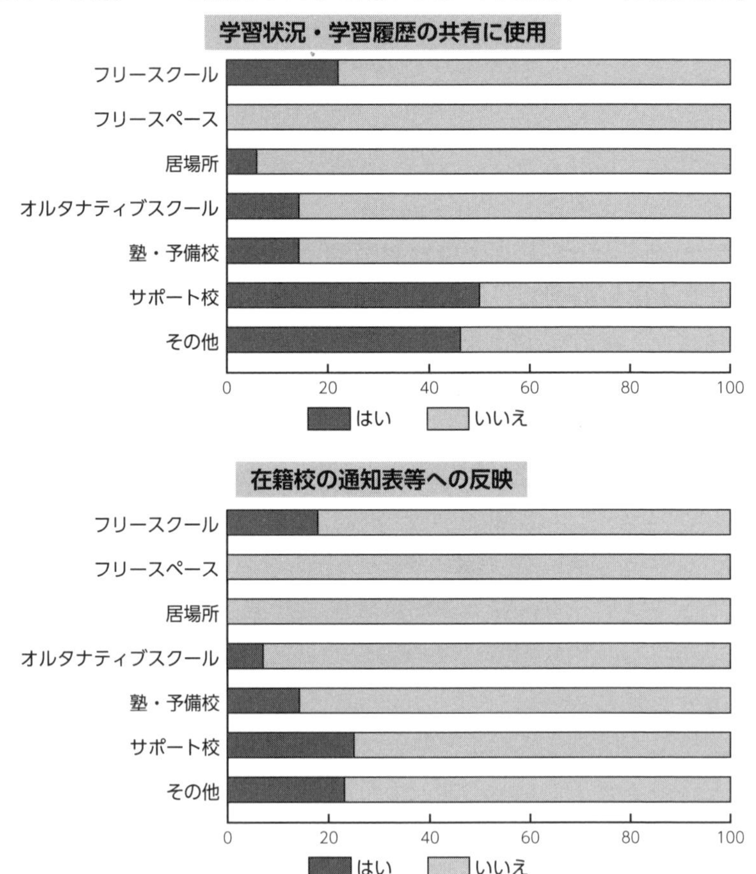

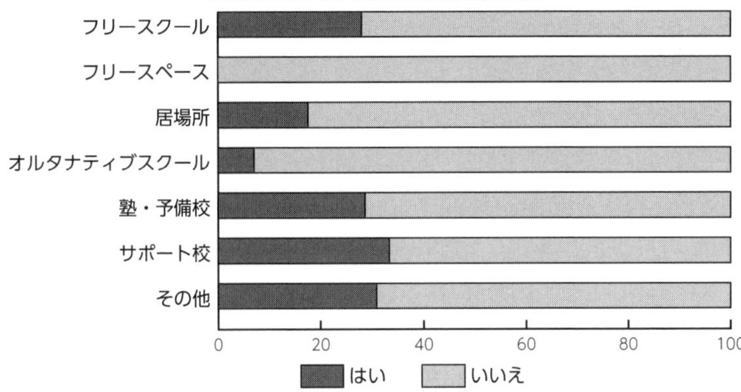

⑤調査結果に関する考察

以上、本調査のICT活用に関する結果の一部について、特徴的な結果を紹介した。本稿に載せきれなかった回答結果も踏まえつつ、本項の冒頭に述べた本調査の３つの内容に沿って分析結果を総括してみたい。

１つ目のICTの活用方法については、フリースクール等では子どもの意志を尊重しながら、多様な学びや活動の中でICT活用が行われている実態があることがうかがえる。

２つ目の端末の所有者等については、本人・保護者もしくは各施設が自前で用意していることが多く、在籍校配備の端末を利用する機会は少ないことも明らかとなった。各施設が環境整備を工夫している様子がうかがえる。現状では、子ども達・保護者が端末本体またはインターネット回線の費用等を自己負担しなければならない状態であることも明らかになった。

３つ目の在籍校との連携については、本調査結果では実施している割合は低いという結果ではあったが、授業へのオンライン参加、在籍校教員とのチャット等でのやりとり、オンライン教材での宿題の添削等が行われていることも分かった。また、教員と各施設スタッフの連携として、出席状況データや活動に関する所見の共有、オンラインでの学習履歴の共有などが挙げられた。

これらの結果から、フリースクール等におけるICT活用については、各施設でその役割や活動目的に沿った方法を模索しながら実施されている姿が見えてきた。子どもの実態に合わせたルール作りや、個別具体的な対応方法を工夫している様子がうかがえる。

2023年2月14日に開催された「不登校に関する調査研究協力者会議（第6回）」の資料1[※2]では、ICT活用について「オンライン等で授業や支援に繋がることができる」ことや「一人一台端末で小さな声が可視化され、心の不安や生活リズムの乱れに教師が確実に気付くことができる」など、ICT利活用の視点が示されている。

一方で、在籍校との「出席扱い」認定を含めた情報共有・連携については、利用する子どもや保護者の希望に十分に留意する必要がある。在籍校との関わりを望まない子どもが存在することも事実であり、ICTの利便性に捉われて子どもの意思がないがしろにされてしまうことはあってはならない。真に目の前の子どもの成長に寄与する連携の在り方を模索し続けることはこれまで同様必要であろう。

次項では、現在進められている「教育の情報化」（GIGAスクール構想）の動向や生徒指導提要等にみられる生徒指導におけるICT活用の方向性を確認し、フリースクール等での実践との接点を探ってみたい。

(3)教育の情報化（GIGAスクール構想）が目指すもの

本項では、国の進めている教育の情報化や不登校支援におけるICT活用の方向性について、その背景や目的とともに、学校外の場で学ぶ子ども達への支援の視点からその意義を整理する。

①GIGAスクール構想

現在、学校現場では、政府の「GIGAスクール構想」の下、児童生徒一人一台の端末整備等が進められている。GIGAとは、Global and

---

※2　文部科学大臣「不登校対策の検討にあたっての方向性」不登校に関する調査研究協力者会議（第6回）、資料1（2023年2月）

Innnovation Gateway for Allの頭文字を採ったものであり、新しい社会への入り口としての役割を学校が果たしていくというメッセージでもある。

GIGAスクール構想の目的は、これからの時代を生きるために必要な力を育むための教育環境の整備であり、端末・クラウド・ビッグデータ（学習ログ）・高速通信のセット活用によって、全ての児童生徒に個別最適な学びを提供することである[※3]。つまり、学校内での学びのみを充実させることが目的ではなく、不登校を含めた全ての子どもの生活のあらゆる場面での学びをより充実させることが目指されているのである。

文科省による実態調査[※4]（「義務教育段階における１人１台端末の整備状況（令和３年度末見込み版）」）では、98.5％の学校で一人一台端末の整備が完了している。ただし、児童生徒が自由（平常時）に端末を持ち帰って学習等に利用できる状況になっている学校は少ない（26.1％）という結果も明らかになった（同調査 令和３年度７月末時点版[※5]より）。

本調査での結果でも、フリースクール等で使用している端末の所有者について尋ねた項目では、在籍校所有（≒学校に配備された端末）という回答は低い数値である。在籍校側の立場では、学校外でどのような使い方をされるか分からない、ルールや前例がない、余計に引きこもらせてしまうのでは、といった不安が大きいことは事実であろう。

これから必要となるのは活用方法の検討とルール作りである。このためには、フリースクール等の活動の意義と役割について学校現場と相互理解を深めることが必須である。各施設での事例の蓄積と共有が必要であり、これからの課題であると言える。

※3　文部科学省HP「GIGAスクール構想の実現」https://www.mext.go.jp/a_menu/other/index_00001.htm（2022年12月28日確認）

※4　文部科学省初等中等教育局「義務教育段階における１人１台端末の整備状況（令和３年度末見込み）」（2022年４月）

※5　文部科学省初等中等教育局「端末利活用状況等の実態調査（令和３年７月末時点）（確定値）」（2021年10月）

②生徒指導（不登校支援）におけるICT活用（生徒指導提要R4年改訂版より）

ここでは、令和４年改訂の「生徒指導提要」等に示された生徒指導におけるICT活用に関する項目について、不登校支援の観点からその要点を整理する[※6]。

不登校支援に関して、生徒指導提要「第10章 不登校（４）校外の関係機関等との連携について」では、学校内だけでなく、フリースクール等外部機関との連携による子どもの多様な学びや成長の保障とその支援が必要であることが強調されている。

その上で、連携を円滑にするツールとして「（５）ICTを活用した支援」では、在籍校が学校外での多様な学びの意義を受け止めるためのツールとしてICTの有用性が示されており、これまでのアナログのみでは補えなかったきめ細やかな情報を共有できる可能性と、そのための組織的な体制づくりが必要であることが指摘されている。

文部科学省「令和３年度児童生徒の問題行動・不登校等生徒指導上の諸課題に関する調査」[※7]によれば、自宅におけるICT等を活用した学習活動を指導要録上「出席扱い」とした児童生徒数は、１万1,541人（中学生6,789人、小学生4,752人）であった。令和２年度の同調査では、2,626人（中学生1,806人、小学生820人）であったため、１年間で約4.4倍に増加したことになる。こうした調査結果からも、学校（教員）側に学校外での多様な学びを認める視点が広がってきたことが示唆されている。

ただし、単純に「出席扱い」が増えれば良いということではない。文部科学省通知「不登校児童生徒への支援の在り方について」[※8]に示されている通り、不登校がその子どもにとって心身の「休息」の意義があ

※6　文部科学省HPより（「生徒指導提要（改訂版）」）
https://www.mext.go.jp/a_menu/shotou/seitoshidou/1404008_00001.htm（2022年12月）

※7　文部科学省初等中等教育局「令和３年度　児童生徒の問題行動・不登校等生徒指導上の諸課題に関する調査結果について」（2022年10月）

※8　文部科学省初等中等教育局長「不登校児童生徒への支援の在り方について（通知）」（2019年10月）

ることを忘れてはならない。真に子どもの成長を共有する、応援するための取り組みとして情報共有・連携あるいは「出席扱い」がなされ、そのためにICT活用がなされるよう、十分な留意が必要である。

なお、フリースクール等外部機関と在籍校との連携におけるICT活用については、前述の「調査研究協力者会議報告書」※9において、国としても各地域・施設での事例を積み重ね、共有し、フリースクール等との連携におけるICT活用の在り方を模索していくことが必要であるという方向性が示されている。国や学校現場としても、ICTの長所を活かしながらフリースクール等との連携のより良いあり方を模索・推進することが必要であることが述べられている。

フリースクール等での豊かで多様な学びについてより広く（学校でも）認められるように、子どもを中心に据えた具体的な事例検討がなされていくことが望まれる。そのためには、現場での地道な実践の積み重ねとその共有が必要となる。そこで次項では、実際の現場で行われている取り組みについていくつかの事例を紹介し、その工夫や課題を検討してみたい。

(4) ICT活用の取り組み事例の紹介

本項では、フリースクール等におけるICT活用と在籍校との連携について、取り組み事例を紹介する。本調査に回答した施設から3施設について追加ヒアリングに協力をいただいた。質問項目は以下の通りである。

a. 子どもはどのような場面・方法でICTを活用しているか
b. a.を実施する上でのスタッフ側の工夫や配慮等
c. 在籍校との連携におけるICT活用
d. ICT活用や環境整備に関しての希望・展望等

なお、ここでは近年登場したオンライン型フリースクールの紹介で

※9　同掲書※1

はなく、対面での関わりを重視してきた従来型の施設において、どのようにICTを導入・活用しているのか、その工夫点や留意点に着目してヒアリングを実施した。いずれの施設もその在り方を模索している段階であり、今の取り組みが完成形ではないという理解である。そのような中でも子どもたちのためにと情報提供をいただいた３施設に記して深謝を申し上げたい。

①フリースクールＡの事例

a. 子どもはどのような場面・方法でICTを活用しているか

　施設で共通利用しているものは、日常的な連絡事項のために活用しているLINE@、健康観察用のLEBER、活動への遠隔参加・保護者面談等のためのzoomがある。その他、学習補助用のスタディサプリ、情報発信用にInstagramを利用している。

　zoomによる遠隔参加を現在も実施しているが、コロナ禍の一時期と比べて利用者数は減り、対面で出席する子どもが増えた。ただし、今後もゼロ（禁止）にはせずにいる予定である。ふれあいを大切にしている施設なので、直接の関わりを第一にしているが、いつでもつながれる環境は保持しておきたいと考えている。学習補助用のオンライン教材は、自由に使って良いようになっている。あくまで子どもの自由な学びの選択肢の１つという位置づけである。

b. a.を実施する上でのスタッフ側の工夫や配慮等

　チャットでの相談等を受けた際、気持ち（感情）を含む内容への回答はデジタルでは行わないようにしている。文字情報や画面越しだけでは伝わりにくいことがあり、誤解を招きかねないことが理由である。その他、個人情報の扱い、HPやLINEの発信数・配信時間に注意している。大人の使い方が子どもに影響するものと考えている。

c. 在籍校との連携におけるICT活用について

1. 子どもと在籍校との関わりとスタッフ側の配慮等

子どもが直接在籍校と繋がる活動は行われていない。在籍校からそういった働きかけもない。また、スタッフ側から提案することはしないようにしている。子どもに意図しないプレッシャーを与えないようにするためである。もし子どもから希望があれば叶えられるように協力したいと思う。

2. スタッフと在籍校との関わりとスタッフ側の配慮等

デジタルでの連携というものは少ない。主に施設利用開始時に代表が訪問挨拶を行う他、利用期間中は、電話連絡、出席状況のFAX、学習状況を含む報告書の郵送、といった方法で情報を共有している。学校によって電話を下さる先生(担任、教頭、校長など)もいるが、連携の密度に違いはある。報告書は、出席については月に1回、学習等の活動については2か月に1回程度、子どもの学習、活動状況やスタッフからの所見、出席状況の詳細等を記した紙媒体を各在籍校に郵送している。

できるだけ丁寧で細やかに情報交換できるよう努めている。通ってくる地域が広いため、各自治体や学校(校長)のやり方の違いへの配慮と、こちらの役割が正しく伝わるように努めている。

d. ICT活用や環境整備に関しての希望・展望等

在籍校との連携という視点では、デジタル化できるところもあるかもしれない。これまで紙ベースで行っていることをデータのやりとりに変えるなどはスムーズにいくと思う。本施設と在籍校とで、フォーマットの在り方や具体的な方法等を協議できると思う。しかし、なかなかシステム面の話の場は持てていないのが現状でもある。

一方で、データだけでは伝わりきらないこともある。特に子どもの本施設での小さな成長や本人なりの挑戦といったことは、口頭で話さないと伝えられない。指導要録上の出席扱いや成績評価の裏にある意味や価値を共有できたら良い。

ICT機器については、利用者(子ども・保護者)または本施設が自前で用意しているのが現状。学校に配備されている端末を不登校の子どもにも使えるようにしてほしい。学校や自治体ごとにルールがあると思うので無理は言えないが…。

②フリースクールBの事例

a. 子どもはどのような場面・方法でICTを活用しているか

使用する場面は子どもに任せている。それぞれの端末で、オンライン動画（YouTube）を見たり、携帯ゲーム機でゲームを楽しんだりしている。施設としては、毎週１回程度、オンラインで社会人１人にインタビューする企画を行っている。ICTによって（学校だけではない）様々な世界があることを感じ取ってくれている様子はある。過去に学校から配備された端末を使おうとした子どもがいた。しかし、使用できる機能等の制限がきつく、学校外のネットに繋がらない設定であり、活用することは難しかった。

b. a.を実施する上でのスタッフ側の工夫や配慮等

スタッフから「これをしなさい」という強い指示はしない。ICTはコミュニケーションツールの１つと捉えている。例えばオンラインゲームも、「誰もが同じ条件の中で工夫して遊ぶことができる場」として捉えることができ、実際に子どもたちが集う場の１つとなっている。外からはまるで遊んでいるだけにしか見えないかもしれないが、その中にある成長や学びの一つ一つを大切に捉えようとしている。また、トラブルが起きた時こそ成長のチャンスと捉えている。ゲーム時の喧嘩、SNSでのトラブル等、何か問題が発生した時に一緒に考え、子どもとより良い使い方を探っていくことを大切にしている。ICTそのものの善悪ではなく、使い方の模索や子どもなりの納得が大切だと思う。

c. 在籍校との連携におけるICT活用について

1. 子どもと在籍校との関わりとスタッフ側の配慮等

直接の関わりは少ないのが現状である。コロナ禍で、学校指定の

teamsでオンライン参加したことがあった。今は、本施設の子どもで、オンラインでの授業参加を希望する子どもはいないのが現状。学校と距離を置いていたい子どももいるので、子どもあるいは保護者が望まない限りは、学校と子どもが直接やりとりせずとも、私たちを間に挟んでもらえたらと思っている。

2. スタッフと在籍校との関わりとスタッフ側の配慮等

デジタルでの連携というのは少ないと思う。本施設からは出席簿と所見を在籍校に提出している。一方で、この5～6年で「出席扱い」を認める学校が増えた印象がある。子どもの情報について、双方向というよりはこちらから一方的に提供する(求められる)ことが多い。こちらが伝えた情報(子どもの頑張っている様子や成長)が、学校の先生方に理解され、最終的には子ども本人や保護者への応援や支援につながっていてほしい。安易に「出席扱い」の資料になってしまうのは勿体無いと思う。機会があればフリースクールの情報、民間で行っていることの価値や理念を学校の先生方に知ってもらいたいと思う。

d. ICT活用や環境整備に関しての希望・展望等

連携強化が言われているが、形式上のものでなく、相互理解を深めることが必要。子どもの成長という情報の価値をもっと尊重できるような社会になると良い。その先にデジタル情報の共有が有効に働くと思う。GIGAスクールで学校配備された端末も、学校の中だけでなく多様な学びを実現できる運用方法を模索してほしいし、一緒に形作ることが必要だと思う。養成段階の実習やボランティア、教員の研修等の形で、フリースクールスタッフと現場の教員が接する機会がもっとあったら良い。

③フリースクールCの事例

a. 子どもはどのような場面・方法でICTを活用しているか

子どもそれぞれの使い方に任せている。毎日2つの教室と子ども間でオンライン会議(zoom)を開設し、希望する子どもはいつでも利用できる環境にしている。今日誰が来ているか、何をやっているかなどを確認してから通ってくる子どももいる。毎週火曜日はオンラインの日としていて、子どももスタッフもオンラインで参加する。なお、夕方からは学習支援も実施しており、そこにも参加する子どもでオンラインによる学習サポートを利用する子どももいる。

b. a.を実施する上でのスタッフ側の工夫や配慮等

オンラインでのコミュニケーションならではの配慮事項が多いことを実感している。例えば、オンライン会議に映像オフで参加される場合、ID名表示のみで本人確認が難しい。グループ通話で２人以上が同時に話してしまうと会話が進行しにくい、などがある。スタッフには、話を振ったり交通整理するスキルが必要だと感じている。特に沈黙についての判断が難しい。映像OFFで基本的に発言もしないという参加スタイルの子どもも少なくはないため、子どもの状況や気持ちを推測するのが対面時と比較して難しい。スタッフは対面時以上に話を拡げる努力をしている。今は、クローズド(登録している子どものみ)のグループで実施している。卒業生やフリースクールを知りたい(体験・検討中)という人にも使えるようにしたいが、難しさも感じている。

c.在籍校との連携におけるICT活用について

1. 子どもと在籍校との関わりとスタッフ側の配慮等

ほとんどないのが現状。過去に１度だけ「家だと通信環境が悪い」という理由で本施設から在籍校のオンライン授業を受けていた子どもがいる程度。ICT教材での教科学習を出席扱いとして認められている子どももいる。

2. スタッフと在籍校との関わりとスタッフ側の配慮等

電話と出席報告の郵送がメインである。事務的なICT化はあまり進んでいないと思う。

家庭には活動の報告書を渡しており、報告書のフォーマットは自施設で準備している。学校にはあえて家庭を通して情報を伝えてもらうようにしている。フリースクール、家庭、学校で一緒に子どもの成長を支えられるような関係性でありたいと考える。

ICT教材の学習履歴の共有について、在籍校の教員にオープンにすることのメリットとデメリットを感じている。学習時間やその質に違いがあっても、指導要録では、出席扱い「1日」としてしか表せないため、履歴データだけでは読み解けない質的な部分を共有することが必要だと思う。また、学校の評価が全て(=学校の評価を得るために行っている)という訳ではない。フリースクール自らが子どもたちの学び、育ちの記録を社会に証明できる力を持ちたいという想いもある。連携の本質、子どもの成長を共に支えることを伝えていくことも必要。なかなかそうした話は学校側とできない現状もある。

d. ICT活用や環境整備に関しての希望・展望等

オンラインの日設定に伴い、貸出用iPadを準備した(助成金等を用いた)。機器本体の支援はできたが、ネットについては家庭負担となっている。学校に機器等の支援を求めるのはなかなか難しいのが本音。学校に配備されたはずのタブレットは不登校の子どもに届くのは遅く、また届いても使用ルールが厳しいのが実情だと思う。全国的に使い方が模索されている状況だと理解しているので、今後、自由にアクティブに学びに向かうためのツールになってほしい。

④ヒアリングの総括

ここまで、3つのフリースクールにおけるICT活用の取り組み事例について紹介してきた。それぞれの施設の実態に応じたICT活用の模索が行われていた。

3つの施設に共通していたのは、ICT活用についても他の活動同様に、各施設の理念に沿って子どもの思いを第一にしながら活動が行われていることである。またこの際、ICTによってこれまでの対面的支援ではなし得なかった空間的・時間的制約を超えて子どもが新たな関係性を構築することの利点を積極的に活かすための配慮を各施設で模索している。

オンラインゲームやオンライン会議での雑談など、一見遊びや休息に見える活動の中にある、子どもたちそれぞれの成長を認めようとしていること。また、オンラインならではの困難やトラブルに対しても、子どもと一緒に解決策を考えていこうとしていること。スタッフ（大人）が一方的に決めた枠組みや価値観だけで子どもを評価・制限しない姿勢を見ることができる。

他方、在籍校との連携の視点では、在籍校での「出席扱い」にかかる情報交換が増えている実態が明らかになった。ICTを活用した学習についても扱われている事例があり、ICTを活用した学習の履歴がそのまま「出席扱い」として認められる場合と、フリースクールの活動の一部として認める場合が存在するようである。スタッフの配慮として共通していたのは、フリースクールでの子どもの多様な成長や経験が、単なる出席扱い「1」という数値のみに置き換わってしまわないようにしたいという願いである。

活動報告の電子化・フォーマット化という視点も、効率化という観点ではその価値が認められるが、一方で数値や記録に残りにくい子どもの成長をどのように共有していくか、その方法についてICT活用に限らずに模索が必要という課題意識が見られた。

なお、今回ヒアリングした３つの施設では、GIGAスクール構想によって学校に配備された端末が利用されている事例は少なかった。また、メッセージやクラス掲示板等、学校ごとに導入されている（と想定される）サービスについても、今回のヒアリングで利用している子どもはいなかった。一方で、現状への認識として、現在各自治体・学校でのルール作りが始まったところであり、これから少しずつ不登校児童生徒への端末配備を含めた学びの提供とそのモデルづくりが進んでいく状況であることを理解しているという声も聞かれた。

(5)おわりに

本節では、本調査で新たに追加されたフリースクール等におけるICT活用について述べた。

フリースクール等では、すでに時代の変化や子ども達の活動に合わせたICT活用が行われている実態があること。一方で、端末の整備や情報共有等についてはGIGAスクール構想の理想を十分に享受できているとは言えない状況があることも明らかになった。

本稿執筆中の2022年12月、生徒指導に関する学校・教職員向けの基本書である『生徒指導提要』(文部科学省)が12年ぶりの改訂となった。特に、不登校支援に関しては「第10章 不登校」において、①学校と外部機関による「ネットワーク型支援チーム」の編成と、②ICTの活用による子どもひとりひとりの理解の充実・促進が強調されている。

現場で行われている活動をどのように在籍校に伝えていくか、あるいは連携できるのか、そのモデルづくりは始まったばかりの段階である。本節で紹介した取り組み事例のように、学校側にも学校外の学びを支える立場の者にも、現場での取り組みやその考え方(工夫や苦労)が共有され、普及されることが望まれる。

また、ICTを活用することによって生じた新たな不登校支援の形について、好事例の収集・発信が不可欠であろう。これまでに手の届かなかった支援の在り方とその効果を科学的に実証していく努力が必要であり、これは筆者自身の課題ともしたい。

最後に、端末の未配備をはじめ、国の目指す学びの形が届きにくい子どもがまだいるという現状を改めて認識することが必要である。何が社会的自立につながるかは分からない。ゆえに、現場の支援者は、目の前の子どものためにあらゆる手立てを講じようとしている。だからこそ、ICTを含めたいつでも・どこでも・何度でも学べる・使える環境を支える制度面の支援が不可欠なのである。

フリースクール等での真に子どもの成長を中心に据えた地道な営みは、教育の本質を突く側面を持っている。ここにICTが重なることで、これからの教育の在り方にも新しい視座をもたらしてくれる可能性がある。それは、新たな時代を生きる子どもたち、そして大人たちの「学びをあきらめない」社会の実現につながっていく教育活動の萌芽となり得ると期待を込め、本節の結びとする。

＜巻末資料＞

調査票・単純集計

【名称】
フリースクール全国調査

【調査概要】
※36ページを参照

1 代表者調査（回収票数：N=184）

Q1. フリースクール名をお教えください。

Q2. あなたの団体の活動は次のどれに当てはまりますか。もっとも近いものを1つだけ選んでください。 N=184

1. フリースクール　57.6%
2. フリースペース　2.2%
3. 居場所　9.2%
4. オルタナティブスクール　10.3%
5. 塾・予備校　4.9%
6. サポート校　7.6%
7. その他　8.2%

Q3. あなたの団体の運営主体は次のどれにあたりますか。もっとも当てはまるものを1つだけ選んでください。 n=183

1. 個人（夫妻・家族も含む）　19.1%
2. 親の会など、数人の任意団体　3.8%
3. ＮＰＯ法人　42.6%
4. 有限会社・株式会社等の法人　16.4%
5. 福祉法人・医療法人等の公益法人　2.2%
6. 行政・公的機関　0.0%
7. 学校法人　7.1%
8. 上記以外の運営主体　8.7%

Q3－1.【Q3で２～８とお答えの方におたずねします】運営主体となっている組織等の名称を教えてください。

Q4.【全員の方に】あなたの団体が設立された経緯として、もっとも近いのは次のどれですか。当てはまるものを1つだけ選んでください。
N=184

1. 不登校の親の会から生まれた　6.5%
2. 子どもの集まりが発展して生まれた　6.0%
3. 自分の子どもの通う場をつくりたかった　9.8%
4. 市民として居場所をつくりたかった　39.7%
5. 塾が発展して　14.1%
6. 海外のフリースクール・オルタナティブエデュケーションに触発を受けて　8.2%
7. その他　15.8%

Q5. あなたの団体とその活動における、理念・方針・目標などを具体的に教えてください。

Q6. あなたの団体では、次のような会議・ミーティングなどがありますか。当てはまるもの全てを選んでください。 n=179

1. 子ども・若者による会議・ミーティング　54.2%
2. 子ども・若者の代表による会議・ミーティング　11.7%
3. 保護者会・父母会　66.5%
4. スタッフミーティング　89.9%
5. 運営のための会議(運営会議、理事会など)　65.4%
6. 専門家協力者による会議　29.6%

Q6－1.Q6以外で、特徴的な会議・ミーティングなどありましたら、簡単にその内容を教えてください。

Q7. あなたの団体における次のような意思決定(①〜⑤)について、表に挙げた人たち([1]〜[7])は関わっていますか。当てはまる人全てを選んでください。

	[1] 子ども・若者	[2] 子ども・若者の代表	[3] 親	[4] スタッフ	[5] 団体の代表者・経営者	[6] 大人の代表者	[7] その他(具体的に)
スタッフの人事権 n=181	7.2	2.8	5.5	42.5	90.6	9.9	2.2
財政・運営について n=183	6.0	2.2	10.9	47.0	91.3	12.0	1.6
子どもの生活ルール n=181	64.6	12.2	22.1	80.7	60.8	9.4	2.8
イベント・行事 n=182	76.9	17.0	29.7	86.8	70.3	8.2	1.6
子どものプログラム n=179	75.4	16.2	22.9	83.2	64.2	6.1	3.4

Q8. あなたの団体は、Q2でお答えになった活動以外にどのような事業を行っていますか。当てはまるもの全てを選んでください。 n=179

1. 他の運営は行っていない　14.0%
2. 他の子どもの場や活動の運営にも携わっている　22.3%
3. 学童保育の事業を行っている　8.4%
4. 学習塾を行っている　21.2%
5. 親の会の活動を行っている　31.3%
6. ホームエデュケーション支援活動を行っている　12.8%
7. その他の形で子ども・若者の成長支援等の活動を行っている　29.1%
8. 通信制高校の運営　27.4%
9. その他　30.2%

Q9. あなたの団体の活動が対象としている子ども・若者の年齢は何歳ですか。次の選択肢の中から当てはまるものを選択し、( )欄に数字を入れてください。 N=184

1. 下は(2)歳から、上は(40)歳まで　46.7%
2. 下は(2)歳から、上限は設けていない　19.0%
3. 下限は設けておらず、上は(20)歳まで　2.7%
4. 下限・上限とも設けていない　22.3%
5. その他　9.2%

Q10. 入会に際して、子ども・若者本人の意思は聞いていますか。当てはまるものを1つだけ選んでください。 n=180

1. 本人の意思を確認し、意思がある場合のみ入会している　90.0%
2. 本人の意思にかかわらず、入会している場合がある　6.1%
3. その他(具体的に)　3.9%

Q11. 本人と家族が入会の意思を持っている場合でも、入会を受け入れない条件が年齢以外にあれば、具体的にお答えください(年齢以外に条件がない場合は「1. ない」を選んでください。) n=179

1. ない　52.0%
2. ある(　　)　48.0%

Q12. 受け入れ時期については、次のどれに相当しますか。1つだけ選んでください。 n=183

1. 随時受け入れている　93.4%
2. 定まった受け入れ時期がある　3.3%
3. その他　3.3%

Q13. 入会に際して、見学・体験入会などはありますか。1つだけ選んでください。 n=178

1. ある 97.2%

2. ない　0.6%
3. その他　2.2%

Q14. 退会に際して、条件はありますか。もっとも当てはまるものを1つだけ選んでください。 n=179

1. 入会時に在籍期間が決まっていて、その期間まで　3.9%
2. 本人の意思に応じて随時　88.3%
3. 本人の意思に応じて、決まった退会時期（年度末、学期末など）に　3.9%
4. その他　3.9%

Q15. フリースクールでの活動中に子どもがICT 機器（スマホ・タブレット端末・PC 等）を活用することはありますか？ N=184

1. ある　91.3%
2. ない　8.7%

※「1. ある」と答えた方は以降の質問にお答えください。

Q16. どのような活動場面でICT 機器を活用していますか？（複数選択可） n=167

1. 教科等の学習　70.7%
2. 教科等の学習以外の活動（自由記述）　77.2%

Q17. 使用している端末は誰のものですか？（複数選択可） n=168

1. 子ども　68.5%
2. 保護者　32.7%
3. フリースクール　82.1%
4. 学校等　25.6%
5. その他（自由記述）　1.8%

Q18.利用しているサービスやアプリについて教えてください。(複数選択可)
n=164

1. 子どもの在籍校でも使っているもの　32.9%
2. フリースクールで用意しているもの　76.2%
3. 子どもが見つけてきたもの　53.7%
4. その他(自由記述)　9.1%

Q19.ICTを活用した学習等について在籍校との連携を行っていますか?(複数選択可) n=167

1. 特に連携は行っていない　62.3%
2. 学習状況・学習履歴の共有等に使っている　22.8%
3. 在籍校の通知表等に反映されている　15.6%
4. 在籍校で出席扱いとする際の根拠資料の1つとなっている　25.1%
5. その他(自由記述)　6.0%

Q20.進路についてうかがいます。21年度の卒業・退会の人数を記入の上、それぞれの進路の該当人数を記入して下さい。一人の卒業・退会で2つ以上該当がある場合、主な1つをカウントして下さい。

2021年度卒業・退会の人数(n=166)

0人	11.4%
1～5人	53.1%
6～10人	19.8%
11～15人	6.6%
16～30人	3.6%
31人～	5.4%
合計	100.0%

- 在籍校に復帰 n=82
  最小値=0人、最大値=300人

- 中学に進学 n=54
  最小値＝0人、最大値＝80人

- 高校に進学 n=98
  最小値＝0人、最大値＝70人

- 専門学校に進学 n=33
  最小値＝0人、最大値＝24人

- 短大・大学に進学 n=41
  最小値＝0人、最大値＝25人

- アルバイト・パートなど n=29
  最小値＝0人、最大値＝5人

- 就職 n=30
  最小値＝0人、最大値＝30人

- 個人事業主・フリーランス n=14
  最小値＝0人、最大値＝3人

- 主に家で過ごしている n=48
  最小値＝0人、最大値＝20人

- その他 n=48
  最小値＝0人、最大値＝14人

Q21. 2016年に教育機会確保法（義務教育の段階における普通教育に相当する教育の機会の確保に関する法律）が成立しました。この法律を下記の人々はどのくらい知っていると感じられていますか。それぞれ当てはまるものを選んでください。 N=184

	かなり知られている	ある程度知られている	あまり知られていない	ほとんど知られていない
親	5.4%	20.1%	42.9%	31.5%
子ども	1.1%	9.2%	19.6%	70.1%
学校	9.2%	34.2%	39.7%	16.8%
行政	15.8%	42.1%	30.6%	11.5%
社会一般	0.5%	2.7%	32.6%	64.1%

Q22. 教育機会確保法の施行によって変化はあったと思いますか。当てはまるものを1つ選んで下さい。 N=184

1. 変化があった　51.6%
2. 変化がなかった　14.7%
3. どちらとも言えない　33.7%

SQ「1. 変化があった」と答えた方にお聞きします。
その変化はフリースクールにとって良い変化だったでしょうか。当てはまるものを1つ選んで下さい。 n=95

1. フリースクールにとって良い変化だった　78.9%
2. 良くない変化だった　2.1%
3. どちらとも言えない　18.9%

現在、利用している子どもについてうかがいます。

Q23. あなたの団体では、「会員制度」や「登録制度」を設けていますか。次の中からもっとも近いものを1つだけ選んでください。 N=184

1. 「会員制度」・「登録制度」を設けている → Q23-1 ~ 3へ
   97.3%

(利用するにあたっては「入会(入学)」または「登録」をする)
2. 特に「会員」の制度を設けておらず、利用するたびに氏名等を申

し出る　2.7%
3. 名前等を申し出ずに、誰でも利用できる　0.0%
4. その他　0.0%

2～4の場合はQ24へ

Q23－1.【Q23で1とお答えの方におたずねします】
現在所属（登録）している子ども・若者について、2022年3月31日現在の人数を教えてください。 n=158

《現在の所属（登録）人数》	男性（人）	女性（人）
小学校入学未満	最小値＝0人、最大値＝12人	最小値＝0人、最大値＝4人
小学校1～3年生	最小値＝0人、最大値＝100人	最小値＝0人、最大値＝50人
小学校4～6年生	最小値＝0人、最大値＝400人	最小値＝0人、最大値＝150人
中学生	最小値＝0人、最大値＝700人	最小値＝0人、最大値＝400人
中卒以上 15歳～19歳	最小値＝0人、最大値＝90人	最小値＝0人、最大値＝70人
20歳以上	最小値＝0人、最大値＝41人	最小値＝0人、最大値＝19人

Q23－2.【Q23で1とお答えの方におたずねします】
設立からの在籍（登録）者数は、累積しておよそ何人ですか。 n=153

最小値＝2人、最大値＝2000人

Q23－3.【Q23で1とお答えの方におたずねします】
在籍期間についておたずねします。この1年間に退会した人について、在籍期間を平均するとどのくらいですか。次の中から1つだけ選んでください。 n=159

1. 6ヶ月未満　9.4%
2. 6ヶ月以上1年未満　23.9%
3. 1年以上2年未満　24.5%

4. ２年以上３年未満　17.0%
5. ３年以上５年未満　7.5%
6. ５年以上　3.8%
7. この１年で退会者はいない　13.8%

Q24.【全員の方に】あなたの団体では、障がいがあるとされている子を受け入れていますか。 N=184

1. 受け入れている　89.7%
2. 受け入れていない → Q25へ　10.3%

Q24－1.【Q24で１とお答えの方におたずねします】
あなたの団体では、どのような障がいのある子どもが通所していますか。当てはまるもの全てを選んでください。 n=165

1. 脳性マヒ　3.0%
2. 難病　3.0%
3. 視覚障がい（盲目）　3.6%
4. 視聴障がい　4.8%
5. 知的発達症（発達遅延）　48.5%
6. 言語症（言語障がい）　18.2%
7. LD　77.0%
8. ADHD　92.7%
9. 自閉スペクトラム症（アスペルガー障がい）　91.5%
10. LGBTQなど（性同一性障がい）　31.5%
11. その他　7.9%

※前回の調査との比較のため括弧の中では前回の表記を示させていただいています。

Q24－2.【Q24で１とお答えの方におたずねします】
あなたの団体ではおおよそ何名の障がいをもっているとされている子が通所していますか。 n=146

最小値＝１人、最大値＝50人

Q25.【全員の方に】あなたの団体では、子どもの活動に際して、何か保険に加入していますか。加入している場合はその保険名をお書きください。 n=183

1. 加入している(保険名　　　　　) 69.9%
2. 加入していない　30.1%

Q26. あなたの団体の活動には、普段1日（1回）あたり平均して、何人の子ども・若者が通っていますか。

通ってくる人数:1日平均	男性(人)	女性(人)
小学校入学未満	最小値＝1人、最大値＝12人	最小値＝1人、最大値＝6人
小学校1～3年生	最小値＝1人、最大値＝30人	最小値＝1人、最大値＝30人
小学校4～6年生	最小値＝1人、最大値＝70人	最小値＝1人、最大値＝70人
中学生	最小値＝1人、最大値＝200人	最小値＝1人、最大値＝100人
中卒以上 15歳～19歳	最小値＝1人、最大値＝80人	最小値＝1人、最大値＝150人
20歳以上	最小値＝1人、最大値＝5人	最小値＝1人、最大値＝2人

活動場所についてうかがいます。

Q27. あなたの団体の活動場所について、もっとも当てはまるものを1つだけ選んでください。 N=184

1. 固定した常設スペースを持っている → Q27-1へ　92.9%
2. 固定したスペースを持っているが、別の場所で活動することが多い → Q27-1へ　4.9%
3. 固定した場所は持っていない　2.2%

Q27－1.【Q27で1～2とお答えの方におたずねします】ふだん活動している場所は、あなたの団体だけが使っていますか。それとも他の団体との共有ですか。もっとも当てはまるものを1つだけ選んでください。 n=176

1. 自分の団体が占有している　84.7%
2. 他団体とスペースを共有している　13.1%
3. その他　2.2%

Q28.【全員の方に】次の活動(①〜⑭)は、どのような場所で行っていますか。それぞれについて「1.主に自分の場所で」〜「3.その他」のいずれか1つを選んでください。

	主に自分の場所で	主に他の場所を借りて	その他(具体的に)
屋外スポーツ n=165	12.1%	70.3%	17.6%
屋内スポーツ n=162	32.1%	64.8%	3.1%
学習 n=182	94.5%	2.2%	3.3%
カウンセリング n=176	92.6%	4.5%	2.8%
音楽 n=160	81.9%	15.0%	3.1%
料理 n=163	79.1%	17.8%	3.1%
工作・ものづくり n=173	87.9%	9.8%	2.3%
食事 n=177	94.4%	3.4%	2.3%
ミーティング n=177	93.2%	4.0%	2.8%
事務 n=180	93.9%	3.9%	2.2%
応接 n=177	95.5%	3.4%	1.1%
宿泊 n=137	27.7%	68.6%	3.6%
集会 n=160	74.4%	23.1%	2.5%
演劇・舞台表現 n=121	30.6%	61.2	8.3%

Q29.あなたの団体は、体育館・プール・運動場や、公民館など、公共施設等を利用する際に、次のような優遇を受けることがありますか。当てはまるもの全てを選んでください。 n=181

1. 施設利用の予約が、一般予約の前に優先的にできる　2.8%
2. 一般利用より安く利用できる　13.3%
3. 無料で利用できる　10.5%
4. その他、利用しやすいように、行政に対応してもらっていることがある　11.0%

5.　以上のように優遇を受けることはない　72.9%

Q30. 団体で使用・所有している設備についてお聞きします。次のそれぞれ（a.～t.）について、「1.ある」～「4.必要ない」のいずれか1つを選んでください。

	ある	検討・準備中	必要だが無い	必要ない
a. パソコン n=182	93.4%	0.5%	4.9%	1.1%
b. インターネット環境 n=181	93.9%	1.1%	4.4%	0.6%
c. テレビゲーム n=172	47.1%	2.9%	5.2%	44.8%
d. テレビ n=176	53.4%	0.6%	4.5%	41.5%
e. 卓球台 n=171	38.6%	6.4%	14.0%	40.9%
f. ホワイトボード・黒板 n=180	93.9%	0.6%	2.2%	3.3%
g. 学校机（個人用） n=174	62.6%	2.3%	5.7%	29.3%
h. ピアノ n=171	56.1%	4.1%	9.9%	29.8%
i. 音楽機材 n=172	60.5%	4.1%	13.4%	22.1%
j. 調理設備 n=174	71.3%	1.7%	10.9%	16.1%
k. 美術設備 n=170	51.8%	4.1%	23.5%	20.6%
l. スポーツ用具 n=174	69.5%	4.6%	12.1%	13.8%
m. 遊具（ブロック、トランプ等） n=177	88.7%	1.7%	3.4%	6.2%
n. エアコン n=180	91.7%	0.0%	4.4%	3.9%
o. 印刷機 n=177	65.5%	1.7%	14.1%	18.6%
p. コピー機 n=180	87.8%	1.1%	5.0%	6.1%
q. 車 n=172	49.4%	0.6%	24.4%	25.6%
r. ビデオカメラ n=175	61.1%	2.9%	14.9%	21.1%
s. お風呂・シャワー n=174	36.2%	2.3%	8.6%	52.9%
t. トイレ n=180	98.9%	0.0%	0.0%	1.1%

Q30－1. あなたの団体で持っている特徴的な設備・施設がありましたら、具体的に教えてください。

Q31. あなたの団体の活動は主にどのような形態で行っていますか。次の中からもっとも当てはまるものを1つだけ選んでください。　N=184

1. 通所型のみ　90.8%
2. 宿泊型(全寮制)　1.1%
3. 通所型と宿泊型(寮)の両方　2.7%
4. その他　5.4%

日常の活動内容や、子どもたちの過ごし方についてうかがいます。

Q32. 子どもの活動のための開室日数と、開室時間は平均してどのくらいですか。 n=175
※大人のための時間(父母会、スタッフミーティングなど)は除きます。

1. 開室日数(○日)　最小値=1日、最大値=7日
2. 開室時間(○時間)　最小値=1時間、最大値=15時間

Q33. 子どもが通って来る時間、帰る時間は決まっていますか。1つだけ選んでください。 n=181

1. 決まっている　53.0%
2. 開室している時間ならいつでも通所・帰宅してよい　47.0%
3. その他　0.0%

Q34. 子どもが参加する活動時間に土日は含まれていますか。もっとも当てはまるものを1つだけ選んでください。 n=183

1. 基本的に平日(月～金)のみの活動である　75.4%
2. 平日と毎週土曜日・日曜日のどちらか(または両方)にプログラムがある　12.6%
3. 平日と毎週でないが(たとえば第3土曜日のように)定例で土日にプログラムがある　12.0%
4. 土曜日・日曜日のみの活動である　0.0%

Q35. **子どもたちの学習はどのように進めていますか。当てはまるもの全てを選んでください。** N=184

1. 教科学習の補充を主とする　63.6%
2. 上級学校受験をサポートする　32.1%
3. 高卒認定試験の受験をサポートする　27.2%
4. 通信制高校通学をサポートする　44.6%
5. 独自のプログラムをもっている　37.5%
6. その他の方法で、学習をすすめている　39.7%
7. 特に学習のサポートは行っていない　10.9%

フリースクールでの学びの活動についてうかがいます。

※ここでいう「学び」とは教科学習に限らず、全般的な学びを指します。

Q36. **定期的に学びのプログラムはありますか。当てはまるものを全て選んで下さい。** n=178

1. 個別指導　72.5%
2. 授業　46.6%
3. 体験的な学び　88.2%
4. 表現的な学び　64.6%
5. その他　12.9%

Q37. **学びのプログラムに参加している子どもの人数を教えて下さい。当てはまるものをそれぞれ1つ選んで下さい。**

A. 個別指導形式：n=156

1. 1人(30.8%)
2. 2～3人(29.5%)
3. 4～5人(17.9%)
4. 6人～（21.8%)

B. 授業形式：n=114
1. 1人(50.9%)
2. 2～3人(21.9%)
3. 4～5人(10.5%)
4. 6人～（16.7%)

Q38. 学びのプログラムで教える人は誰ですか。当てはまるものを全て選んで下さい。 n=177

1. スタッフ　96.0%
2. 外部講師　56.5%
3. ボランティア　46.9%
4. 親　8.5%
5. その他　5.6%

Q39. 学びのプログラムで使っている教材はどのようなものですか。当てはまるものを全て選んで下さい。 n=176

1. 学校の教科書　62.5%
2. 学校配布のプリント等　44.3%
3. ICT教材　49.4%
4. 市販教材　55.7%
5. 通信制高校のレポート　43.8%
6. フリースクール独自の教材　44.9%
7. 一般の図書・ビデオなど　46.6%
8. その他 8.5%

Q40. あなたのフリースクールでは、特定の通信制高校と連携していますか。当てはまるものを1つ選んで下さい。 N=184

1. している　46.7%
2. していない　53.3%

Q41. 次のような活動を定期的な形(プログラムなど)で行っていますか。当てはまるもの全てを選んで下さい。また、子どもが必ず出なければいけないプログラムがあれば、当てはまるものを全て選んでください。

	定期的な形(プログラムなど)で行っている n=160	子どもが必ず出なければいけないプログラム n=160	Q42不定期的な形(プログラムなど)で行っている n=165
1. 教科学習	72.5%	17.5%	63.0%
2. 体験的な学び	90.6%	10.6%	69.7%
3. スポーツ	67.5%	5.6%	60.6%
4. 実験	48.1%	5.0%	33.9%
5. 料理	66.9%	4.4%	52.1%
6. 工作・ものづくり	68.8%	5.6%	64.2%
7. 絵画・工芸	59.4%	6.9%	52.7%
8. 漫画・イラスト	43.8%	1.9%	54.5%
9. 楽器	47.5%	5.0%	48.5%
10. コーラス・合唱	23.8%	4.4%	15.2%
11. 演劇	18.8%	2.5%	13.3%
12. ダンス	21.9%	2.5%	17.6%
13. 通信・同人誌づくり	14.4%	0.6%	9.7%
14. 映像作成	22.5%	0.6%	26.1%
15. その他の表現活動	28.7%	3.1%	23.0%
16. 野外活動	63.7%	5.0%	38.2%
17. 農作業	40.6%	6.3%	29.7%
18. 飼育	16.3%	2.5%	12.7%
19. 読書・読み聞かせせ	31.9%	5.0%	34.5%
20. 他のフリースクール交流	26.3%	1.9%	18.2%
21. 地域交流	31.9%	1.9%	25.5%
22. 国際交流	15.6%	0.0%	11.5%
23. その他外部との交流	20.0%	0.6%	19.4%
24. 仕事体験	36.9%	3.8%	26.7%
25. 職業訓練	20.0%	2.5%	13.3%
26. ボランティア活動	30.0%	3.8%	20.6%
27. 外遊び	54.4%	4.4%	40.6%
28. お泊まり会	37.5%	2.5%	26.1%
29. ミーティング	48.8%	6.9%	28.5%
30. 委員会	10.0%	0.0%	6.1%
31. サークル活動	16.3%	1.3%	10.3%
32. 道徳	11.3%	1.9%	9.1%
33. 宗教	3.8%	0.0%	0.6%

Q41－1.あなたの団体の特徴的なプログラムなどがありましたら、具体的に教えてください。

Q42.Q41で回答された定期的な形(プログラムなど)ではないが、子どもたちの日常の過ごし方として、行っている活動について、当てはまるもの全てを選んでください。

Q41表中の右欄に記載

Q42－1.日常の過ごし方としての活動で、特徴的なことがありましたら、具体的に教えてください。

Q43.年間の行事として行っているものとして、当てはまるもの全てを選んでください。 n=157

1. 運動会　21.0%
2. 文化祭　33.1%
3. 観劇　12.1%
4. 映画上映　22.3%
5. 講演会　29.9%
6. 体験旅行(国内)　37.6%
7. 体験旅行(海外)　3.2%
8. キャンプ　33.1%
9. スキー　12.7%
10. 水泳(海・プール)　19.1%
11. 入学式　26.8%
12. 卒業式　48.4%
13. 周年祭　8.3%
14. 春休み　66.9%
15. 夏休み　73.2%
16. 冬休み　72.6%

Q43－1.特徴的な年間の行事があれば、具体的に教えてください。

Q44.プログラムなど定期的な形での活動への参加について、子どもの意思はどのように反映されていますか。もっとも当てはまるものを1つだけ選んでください。 n=174

1. 参加するプログラムは決まっている 9.8%
2. 選択することができるが、どれかのプログラムには参加することになっている 5.7%
3. プログラムへの参加は、でないことも含めて選択できる 83.9%
4. その他 0.6%

Q45.子どもの出席(通所)について、次のうち当てはまるものを1つだけ選んでください。 n=181

1. 原則として、出席(通所)しなければならない 16.6%
2. 出席(通所)はその子の自主的な判断を尊重 80.7%
3. その他 2.8%

Q46.子どもが活動のルールに反したときに、以下のような指導はありますか。当てはまるもの全てを選んでください。 n=157

1. 当番などの義務 2.5%
2. 訓戒・口頭での注意 62.4%
3. 反省文 3.8%
4. ミーティングで議論 38.2%
5. 自宅謹慎 7.0%
6. 退会 17.2%
7. 保護者を含めた面談・対話 10.3%
8. その他 5.1%

Q47.通知票や面談などの形で、所属する子どもたちについての評価を行っていますか。当てはまるもの全てを選んで下さい。 n=182

1. 子どもに向けて評価を行っている　20.3%
2. 保護者に向けて評価を行っている　22.0%
3. 在籍校に向けて評価を行っている　20.3%
4. 受験校・進学予定校に向けて評価を行っている　5.5%
5. その他　6.0%
6. 評価は行っていない　59.9%

Q47－1.具体的に評価はどのような形で行っていますか。具体的に教えてください。

子どもが在籍している学校との関係についてうかがいます。

Q48.学校に対して、出席報告はどのような形をとっていますか。もっとも近いものを1つだけ選んでください。 n=179

1. 原則として、出席報告などを提出している　60.3%
2. 学校側からの求めに応じて、出席報告などを提出している　26.8%
3. どのような場合でも、出席報告などは提出していない　3.4%
4. その他　9.5%

Q49.担任や学校側との情報交換はどのような形をとっていますか。もっとも近いものを1つだけ選んでください。 n=180

1. 原則として、担任や学校側との情報交換を行っている　48.3%
2. 学校からの求めに応じて、担任や学校側との情報交換を行っている　42.2%
3. どのような場合でも、担任や学校側との情報交換は行わない　0.6%
4. その他　8.9%

Q50. **学校と連絡を取るときに、親や本人の希望を聞いていますか。もっとも近いものを1つだけ選んでください。** n=182

1. 親・本人ともに希望を聞いている　69.8%
2. 親のみに希望を聞いている　18.1%
3. 本人のみに希望を聞いている　0.5%
4. 親・本人ともに希望を聞いていない　4.9%
5. 連絡を取ることはない　2.7%
6. その他　3.8%

Q51. **小・中学生の在籍校から、出席扱いをされていますか。もっとも近いものを1つだけ選んでください。** n=176

1. 全ての子について出席扱いとされている　47.7%
2. 大部分の子について出席扱いとされている　26.7%
3. 一部の子については、出席扱いとされている　12.5%
4. 全ての子について出席扱いが認められていない　6.3%
5. その他　6.8%

あなたの団体の活動に関わっているスタッフについてうかがいます。

Q52. **あなたの団体の活動に関わっているスタッフの人数について、詳しく教えてください。**

	人数(人)
常勤・有給スタッフ	最小値＝0人、最大値＝80人
常勤・無給スタッフ	最小値＝0人、最大値＝8人
非常勤・有給スタッフ(講師・アルバイト含む)	最小値＝0人、最大値＝34人
非常勤・無給スタッフ(無償ボランティア含む)	最小値＝0人、最大値＝51人

Q53. 常勤・有給のスタッフについておたずねします。次のうち当てはまるものを1つだけ選んでください。 n=183

1. 有給のスタッフのほとんどは、団体からの給料を主たる収入としている　51.4%
2. 有給のスタッフの半数程度は、団体からの給料を主たる収入としている　13.1%
3. 有給のスタッフのほとんどは、団体からの給料以外を主たる収入としている　13.7%
4. 常勤・有給のスタッフはいない　21.9%

Q54. 有給スタッフについて、次のような待遇はありますか。当てはまるもの全てを選んでください。 n=134

1. 有給休暇　72.4%
2. 育児休暇　47.0%
3. 産休(産前休暇・産後休暇)　44.0%
4. 介護休暇・休職　33.6%
5. ボランティア休暇　9.7%
6. 病気休職　49.3%
7. 通勤手当・交通費支給　77.6%
8. 健康保険　66.4%
9. 厚生年金　60.4%
10. 住宅手当　24.6%
11. 残業手当　38.1%
12. 家族手当　17.9%
13. 健康診断　52.2%
14. 雇用保険　65.7%
15. 退職金　26.1%
16. 賞与・期末手当　44.0%
17. 定期昇給　31.3%
18. ボランティア保険　20.9%
19. 労災保険　57.5%
20. 労働保険　50.0%
21. その他　7.5%

財政・経営についてうかがいます。

Q55. 団体の財政規模について教えてください。 n=120
※昨年度の場合でお答えください。おおよそで結構です。

250万円以下	28.3%
500万以下	15.8%
1000万円以下	29.2%
2000万円以下	18.3%
2000万1円以上	8.3%
合計	100.0%

Q56. 会費を納入している人について、人数と会費額をお答えください。

	人数	会費
子ども会員・利用者	最小値=0人、最大値=60人	最小値=0円、最大値=75,000円
会員（親・活動参加者）	最小値=0人、最大値=186人	最小値=0円、最大値=500,000円
支援会員・賛助会員	最小値=0人、最大値=300人	最小値=0円、最大値=41,666円
その他（具体的に）	最小値=1人、最大値=80人	最小値=800円、最大値=50,000円

子ども会員人数（n=96）

0人以下	3.1%
5人以下	26.1%
6～10人	15.6%
11～20人	29.2%
21～50人	24.0%
51人以上	2.1%
合計	100.0%

Q57. 家庭の状況などの事情で、会費の減免などを行っていますか。当てはまるものを1つだけ選んでください。 n=170

1. （最小1～最大10）割程度の家庭の会費を減免している 28.8%
2. もともと個々の家庭状況に応じて会費額を設定する制度になっている 9.4%
3. 減免の制度はない 61.8%

Q58. これまでに、経済的な理由で退会した子どもはいましたか。 n=172

1. はい 40.7%　　2. いいえ 59.3%

Q.59. 経済的な理由で入会を諦めた子どもはいましたか。 n=170

1. はい 57.6%　　2. いいえ 42.4%

Q60.（特定の事業に対してではなく）団体運営に対して、財団・企業からの援助がありますか。 n=179

1. はい 15.1%　　2. いいえ 84.9%

Q61. 行政から何らかの援助や支援はありますか。 n=179

1. はい 26.8%　　2. いいえ 73.2%

最後に活動上の問題点などについてうかがいます。

Q62. 活動をしていく上で感じている問題点などがありましたら、自由にお書きください。

Q63. その他、何でも自由にお書きください。

2 スタッフ調査 (回収票数：N=160)

Q1. **所属のフリースクール名をお教えください。**

Q2. **あなたの性別をお教えください。** N=160

1. 男性 38.1%　　2. 女性 60.0%　　3. その他 1.9%

Q3. **あなたの年齢をお教えください。** n=159

10代・20代	18.9%
30代	29.6%
40代	30.8%
50代	8.8%
60代以上	11.9%
合計	100.0%

Q4. **扶養家族についてどれにあてはまりますか。** N=160

1. あり 26.9%　　2. なし 73.1%

Q5. **お住まいの都道府県をお教えください。** n=159

都市圏(東京、神奈川、埼玉、千葉、愛知、京都、大阪、兵庫、福岡)
52.2%
非都市圏(上記以外の道県) 47.8%

Q6. **所属団体の形態についてお教えください。** n=158

1. 個人 5.7%

2. 親の会　1.3%
3. 親の会以外で法人格を持たない団体　5.1%
4. NPO法人　54.4%
5. 福祉法人・医療法人等の公益法人　5.1%
6. 有限会社・株式会社　8.2%
7. 行政・公的機関　0.6%
8. 学校法人　11.4%
9. 一般社団法人　8.2%

Q7.あなたの団体の活動は次のどれに当てはまりますか。 N=160

1. フリースクール　66.9%
2. フリースペース　0.6%
3. 居場所　6.3%
4. オルタナティブスクール　18.8%
5. 塾・予備校　1.3%
6. サポート校　5.0%
7. その他　1.3%

Q8.あなたの団体のおおよその年間事業費について教えてください。
N=160

1. 100万以下　7.5%
2. 101～300万円　8.1%
3. 301～500万円　5.6%
4. 501～1000万円　16.9%
5. 1001～5000万円　15.0%
6. 5001万円以上　10.6%
7. 知らない　36.3%

Q9.あなたの勤務形態についておたずねします。 N=160

1. 常勤スタッフ　62.5%

2. 非常勤スタッフ 16.9%
3. ボランティアスタッフ 10.0%
4. アルバイト 8.8%
5. 講師 1.9%
6. その他 0.0%

Q10. 実際に働いている日数は1週間で平均してどれくらいですか。
n=159

1～2日	19.5%
3～4日	30.2%
5日以上	50.3%
合計	100.0%

Q11. 実際に働いている時間は1日あたり平均してどれくらいですか。
n=158

最小値＝1時間、最大値＝15時間、最頻値＝8時間

Q12. あなたの給料の体系は、次のうちどれに当てはまりますか。もっとも近いものを選んでください。また、その他を選んだ方は具体的な内容をお書きください。 N=160

1. 固定給 59.4%
2. 時間給 23.1%
3. 日給 4.4%
4. 団体の収入に応じて 1.3%
5. 無報酬 11.9%
6. その他(具体的に：) 0.0%

Q13. 給料金額についてお教えください。

①固定給の方(n=85)　→　月額

10万円以下	10.6%
10万1円以上15万円	17.6%
15万1円から20万円	36.5%
20万1円から25万円	20.0%
25万1円以上	15.3%
合計	100.0%

②時間給の方(n=36)　→　1時間当たり○円　1か月合計で平均○円
時給：最小値＝850円、最大値＝2,500円、最頻値＝1,000円
1か月合計：最小値＝20,000円、最大値＝170,000円、
最頻値＝40,000円

③日給の方(n=7)　→　1日あたり○円　1か月合計で平均○円
日給：最小値＝4,000円、最大値＝10,000円、最頻値＝8,000円
一か月合計：最小値＝27,000円、最大値＝100,000円、
最頻値＝100,000円

④団体の収入に応じての方(n=1)　→　1か月平均で65,000円

Q14. 有給のスタッフの方にだけおたずねします。次の中からもっとも当てはまるものを1つ選んでください。 n=139

1. 団体からの給料を主たる収入として生活している　38.1%
2. 団体からの給料を主たる収入としているが、充分ではないので副業を持っている　15.1%
3. 団体からの給料は充分ではないが、家族または同居人がいるので生活できる　36.7%
4. 大部分が団体以外の収入となっている　9.4%
5. その他　0.7%

Q15. この団体におけるあなたの勤務年数を教えてください。
＊途中で勤務や関わりが途切れている方の場合は、合計の年数でお答えください。 n=157

1年未満	10.2%
1年以上3年未満	26.7%
3年以上5年未満	17.2%
5年以上10年未満	18.5%
10年以上15年未満	15.9%
15年以上	11.5%
合計	100.0%

Q16. この団体におけるあなたの勤務形態ごとに、それぞれ関わった勤務年数を教えてください。
＊「ボランティア」と「講師」の両方で同時期に関わったといった場合も、それぞれの年数をお答えください。

1. 常勤スタッフとして(n=102)
 ○年　最小値＝0年、最大値＝26年、最頻値＝1年
2. 非常勤スタッフとして(n=39)
 ○年　最小値＝0年、最大値＝19年、最頻値＝1年
3. ボランティアとして(n=39)
 ○年　最小値＝0年、最大値＝20年、最頻値＝1年
4. アルバイトとして(n=20)
 ○年　最小値＝0年、最大値＝28年、最頻値＝1年・2年
5. 講師として(n=13)
 ○年　最小値＝0年、最大値＝9年、最頻値＝2年

Q17. あなたは、この団体についてどこでお知りになりましたか。当てはまるもの全てに○をつけてください。〔複数回答〕 n=159

1. 友人・知人から　45.3%

2. 親の会　1.9%
3. インターネット　22.6%
4. 新聞、テレビ、ラジオ　5.0%
5. 本・雑誌　3.1%
6. 集会・イベント　6.3%
7. 大学などの授業、ゼミ等　5.0%
8. 職場　5.7%
9. 過去に在籍していた　2.5%
10. その他　5.7%

Q18. あなたがこの団体のスタッフになった動機について、当てはまるものの全てを選んでください。〔複数回答〕 N=160

1. 自分の子どもが不登校を体験していた　10.6%
2. 自分が不登校の体験者だった　21.9%
3. 教育問題に関心があった　44.4%
4. 自分がフリースクールに通っていた　7.5%
5. 身近に不登校を経験した人がいた　11.3%
6. フリースクールがおもしろそうだと思った　30.0%
7. 子どもと関わる仕事がしたかった　51.2%
8. 不登校に関心があった　36.9%
9. フリースクールのあり方に共感した　40.0%
10. 将来のフリースクール開設を考えて　4.4%
11. 将来教員を目指しており、その経験のため　6.3%
12. その他　15.6%

Q19. あなたは、この団体のスタッフになる前に、主にどのような職業をお持ちでしたか。 N=160

1. アルバイト・パート　13.1%
2. 民間企業　21.9%
3. 教師　13.8%
4. 保育士　3.1%
5. カウンセラー　1.3%

6. 公務員　2.5%
7. フリースクール会員　0.0%
8. 自営業　1.9%
9. NPO・市民団体職員　5.0%
10. 他のフリースクールのスタッフ　2.5%
11. 主婦・主夫　5.0%
12. 塾講師　3.8%
13. 農業　0.6%
14. 学生/現職が初めての職業　16.9%
15. その他　8.8%

Q20. あなたはスタッフとしてどんな仕事をやっていますか。日常的な仕事として当てはまるもの全てを選んでください。〔複数回答〕 N=160

1. 見学時対応　60.6%
2. 授業や講座　43.8%
3. 個人学習指導　55.6%
4. 相談　62.5%
5. カウンセリング　18.8%
6. スポーツ・料理などの活動　62.5%
7. 子どもとおしゃべりや遊び　81.3%
8. 行事・イベントの企画　66.3%
9. 進路指導　40.6%
10. 清掃や片付け、洗濯　69.4%
11. 一般事務　59.4%
12. 財政、経理　23.1%
13. 行政、学校、財団、企業などの渉外　31.3%
14. 車で子どもを送迎　20.6%
15. 広報・啓蒙活動　46.3%
16. 自分たちの勉強会　30.6%
17. 父母会に出席　40.0%
18. 家庭訪問　11.9%
19. 他の団体との活動　38.8%
20. 教材研究　31.3%
21. その他　6.3%

Q21. あなたは子どもから主にどのように呼ばれていますか。1つだけ選んでください。 n=159

1. 「先生」「〇〇(名字)先生」 31.4%
2. 名字、または名前に「さん」をつけて 34.6%
3. ニックネームで(「ちゃん」付け、呼び捨て含む) 32.1%
4. その他( ) 1.9%

Q22. スタッフとしてのあなたと、フリースクールの子どもたちとの関係は次のどれに当たりますか。 N=160

1. 子どもとスタッフで一緒に話し合い、両者で決めている 68.8%
2. 子どもたちが決定し、スタッフはそれに協力するやり方が基本になっている 12.5%
3. スタッフがおおむね決定し、子どもたちに指示するやり方が基本になっている 18.8%

Q23. スタッフとしてやってよかったと思うことは何ですか。当てはまるもの全てを選んでください。(複数回答) n=158-159

1. やりがいを感じる 81.6%
2. 雰囲気が楽 39.6%
3. 子どもと対等な関係にある 43.4%
4. 価値観が広がる 67.9%
5. 子どもが明るく元気になる姿を見ることができる 71.7%
6. 自分たちで活動を作っていくのがおもしろい 50.3%
7. 自分の仕事が社会を変えるのにつながる 36.5%
8. その他 8.2%

Q24. **スタッフとして現在困っていることは何ですか。（複数回答）** n=159

1. 子どもとの関係について　6.9%
2. 対応が難しい子どもについて　30.8%
3. 子どもの意欲的な参画がうまくいかない　20.1%
4. スタッフとして何をしたらよいのかわからない　6.3%
5. 親への対応の仕方　14.5%
6. 上司との関係　6.3%
7. スタッフ間の人間関係　9.4%
8. スタッフ間の「子ども観」「教育観等」の考え方の違いについて　10.1%
9. 悩みを相談できる人がいない　5.7%
10. 将来が不安　20.1%
11. やりがいを感じない　1.3%
12. やることが多い　26.4%
13. 長時間労働　11.3%
14. 職場が遠い　5.0%
15. 必要な経費が出ない　15.1%
16. 待遇、給与について　37.1%
17. 団体の財政　40.9%
18. 学校、地域、行政との関係について　25.8%
19. その他　9.4%
20. 特にない　13.8%

Q25. **次のような考えについてあなたはどう思いますか。** n=159-160

	そう思う	ややそう思う	あまりそう思わない	そう思わない
a.学校復帰を目標にすべきだ	0.0%	10.6%	31.9%	57.5%
b.学校は行ければ行くべきだ	13.8%	25.2%	23.9%	37.1%
c.学校へ行く行かないは子どもの意思を尊重すべきだ	69.8%	25.2%	3.8%	1.3%
d.基礎的な学力は身につけるべきだ	39.6%	40.9%	12.6%	6.9%

Q26. **あなたはフリースクールについてどのような展望を持っていますか。ご自由にお書きください。**

Q.27. **あなたにとってフリースクールとは何ですか。ご自由にお書き下さい。**

Q28. **あなたは今後もフリースクールのスタッフを続けようと思いますか。** n=156

1. 続けていくと思う　84.0%
2. 続けたいけれど続けられないと思う　13.5%
3. 続けるつもりはない　2.6%
4. 続けたくないけれど続けていると思う　0.0%

Q29. **Q28で回答された理由をお教えください。**

3 子ども調査　（回収票数：N=81）

Q1. 通っているフリースクール名を教えてください。

Q2. 年齢を教えてください。 n=79

最小値＝7歳、最大値＝28歳、最頻値＝11歳

Q3. 学年を教えてください。 n=78

小学生	43.6%
中学生	34.6%
高校生	12.8%
その他	9.0%
合計	100.0%

Q4. 性別を教えてください。 n=80

1. 男性　53.8%
2. 女性　45.0%
3. その他　1.3%

Q5. 在籍期間を教えてください。 n=80

1年以下	21.0%
1年～2年以下	22.2%
2年～3年以下	22.2%
3年～5年以下	16.0%
5年より長い	18.6%
合計	100.0%

Q6. 住んでいる都道府県 n=81

都市圏（東京、神奈川、埼玉、千葉、愛知、京都、大阪、兵庫、福岡）
55.2%
非都市圏（その他の道県）44.8%

Q7. あなたが現在通っているフリースクールを知った、最初のきっかけは何ですか。もっとも当てはまるものを1つだけ選んでください。 N=81

1. 親から聞いた　76.5%
2. 学校で聞いた　3.7%
3. 友人、知人から聞いた　3.7%
4. 新聞、ＴＶ、ラジオで知った　0.0%
5. 本や雑誌で知った　0.0%
6. インターネットで知った　4.9%
7. 相談機関の人から聞いた　1.2%
8. 病院で聞いた　0.0%
9. 集会、イベントで知った　2.5%
10. その他　7.4%

Q8. あなたが現在通っているフリースクールに入った理由は何ですか。当てはまるもの全てを選んでください。（複数回答） N=81

1. 強制がないから　45.7%
2. 子どもが自由に意見を言えるから　28.4%
3. 楽しそうだから　66.7%
4. やってみたい講座、活動があったから　13.6%
5. 勉強がしたかったから　9.9%
6. ゆっくりできるから　34.6%
7. 家にいたくなかったから　8.6%
8. どこか行く場所がほしかったから　32.1%
9. 親が行くように言ったから　13.6%
10. スタッフが信頼できたから　23.5%
11. 進学の準備をしたかったから　3.7%

12. 友達がほしかったから　22.2%
13. 利用したい設備があったから　3.7%
14. 自分を変えるきっかけにしたかったから　25.9%
15. 外に出るきっかけがほしかったから　23.5%
16. 自分で行く日や時間を決められるから　16.0%
17. その他　13.6%

Q9. 現在通っているフリースクールの会員になるにあたって、親から何か条件をだされましたか。当てはまるもの全てを選んでください。 N=81

1. 勉強をする　9.9%
2. 毎日通う　4.9%
3. 「フリースクールに通うのは○○歳まで」などと言われた　0.0%
4. 進学をする　1.2%
5. 会費を自分で出す　0.0%
6. フリースクールの活動へ参加する　4.9%
7. アルバイトをする　1.2%
8. 規則正しい生活をする　11.1%
9. お小遣いを減らされる　1.2%
10. その他　1.2%
11. 特になかった　75.3%

Q10. 現在通っているフリースクールに入る前に、あなたは次にあげるところに行ったことがありますか。当てはまるもの全てを選んでください。（複数回答） n=78

1. 教育支援センター（適応指導教室）　17.9%
2. 他のフリースクール、フリースペース　28.2%
3. 医療機関(病院など）　26.9%
4. 行政の相談機関　6.4%
5. 民間の相談機関　2.6%
6. サポート校　1.3%

7. 学習塾　7.7%
8. 宿泊型施設　0.0%
9. 校内フリースクール　1.3%
10. その他　6.4%
11. 特にない　35.9%

Q11. フリースクールに通う主な手段は何ですか。1つだけ選んでください。
N=81

1. 電車　27.2%
2. 自転車　12.3%
3. 徒歩のみ　13.6%
4. バス　11.1%
5. 家の人に車で送ってもらう　32.1%
6. バイク　0.0%
7. その他　3.7%

Q12. 家からフリースクールまでの時間は片道どのくらいですか。 n=80

最小値＝1分、最大値＝120分、最頻値＝60分

Q13. 電車・バスで通っている人にだけお聞きします。次のうち、もっとも当てはまるものはどれですか。 n=31

1. 料金は都度支払っている　38.7%
2. 回数券を買っている　12.9%
3. 学割で定期券を買っている　29.0%
4. 通勤定期券を買っている　19.4%

Q14.フリースクールへ通うための交通費は1か月およそいくらですか。
n=77

1. 0円　28.6%
2. 1円～5,000円　23.4%
3. 5,001円～10,000円　14.3%
4. 10,001円～15,000円　0.0%
5. 15,001円～20,000円　2.6%
6. 20,001円～25,000円　2.6%
7. 25,001円～30,000円　0.0%
8. 30,001円以上　2.6%
9. わからない　26.0%

Q15.あなたの通っているフリースクールは1週間に何回開いていますか。 N=81

最小値＝2日、最大値＝7日、最頻値＝5日

Q16.そのうち、あなたは1週間平均すると何回くらい行っていて、その日は平均何時間位フリースクールにいますか？ N=81

1～2日	22.2%
3～4日	35.8%
5日以上	42.0%
合計	100.0%

1～4時間	17.7%
5～6時間	38.0%
7時間以上	44.3%
合計	100.0%

Q17.フリースクールに着く時刻はおよそ何時頃ですか。もっとも多い時間帯を1つだけ選んでください。 N=81

1. 午前中　87.7%
2. 12時～15時頃　11.1%
3. 15時～18時頃　1.2%

4. 18時以降　0.0%

Q18. フリースクールに行った日はおもにどんなことをして過ごしていますか。当てはまるもの全てを選んでください。(複数回答) N=81

1. 講座・授業に出る　37.0%
2. 友達と話す　82.7%
3. 漫画や本を読む　29.6%
4. 友達と遊ぶ　74.1%
5. 自分の趣味をする　60.5%
6. スポーツをする　39.5%
7. 個人学習をする　30.9%
8. 実行委員会・サークル活動　16.0%
9. 体験活動　32.1%
10. 悩みなどを相談する　8.6%
11. スタッフと話す　61.7%
12. その他　7.4%
13. 特に何もしていない　0.0%

Q19. フリースクールでの活動中にICT 機器（スマホ・タブレット端末・PC 等）を活用することはありますか？ N=81

1. ある　87.7%　　2. ない　12.3%

※「1. ある」を選んだ方は以降の質問にお答えください。

Q19-1. どのような活動でICT 機器を活用していますか？（複数選択可） n=69

1. 教科等の学習　37.7%
2. 教科等の学習以外の活動　81.2%

Q19-2. 使用している端末は誰のものですか？（複数選択可） n=71

1. 自分　57.5%
2. 保護者　4.2%
3. フリースクール　59.2%
4. 学校等　5.6%
5. その他（自由記述）2.8%

Q19-3. 利用しているサービスやアプリについて教えてください。（複数選択可） n=66

1. 在籍校でも使っているもの　10.6%
2. フリースクールで用意しているもの　45.5%
3. 自分で見つけてきたもの　53.0%
4. その他（自由記述）　16.7%

Q19-4. ICTを活用した学習等について在籍校とのやりとりはありますか？（複数選択可） n=65

1. 特にない　89.2%
2. 担任の先生と何らかのやりとりがある　9.2%
3. 担任以外の先生と何らかのやりとりがある　3.1%
4. 保健室やスクールカウンセラーと何らかのやりとりがある　0.0%
5. 同級生や他の児童生徒と何らかのやりとりがある　0.0%
6. その他　0.0%

※Q19-4で「2～5」を選んだ方は次の質問にお答えください。

Q19-5. どんなやりとりがありますか？（自由記述）

例：勉強についての質問、行事の情報提供、進路相談、雑談など

Q20. 現在通っているフリースクールと並行して、あなたが定期的に行っているところはありますか。当てはまるもの全てを選んでください。(複数回答) n=53

1. 教育支援センター（適応指導教室） 5.7%
2. 他のフリースクール、フリースペース　5.7%
3. サポート校　1.9%
4. 行政の相談機関　1.9%
5. 民間の相談機関　1.9%
6. 学習塾　7.5%
7. 小中学校の教室　20.8%
8. 保健室・別室登校　7.5%
9. 通信制高校　11.3%
10. 定時制高校　1.9%
11. 普通高校　0.0%
12. 高認予備校　0.0%
13. 専門学校　0.0%
14. ボランティア　1.9%
15. アルバイト　5.7%
16. 医療機関　15.1%
17. 習い事　28.3%
18. その他　15.1%

Q21. あなたはふだんどのような形で学習をやっていますか。(複数回答)
N=81

1. フリースクールの講座・授業で　40.7%
2. フリースクールで個人学習　35.8%
3. 自宅で個人学習　51.9%
4. 自宅で家庭教師と　2.5%
5. 自宅で学校の先生と　0.0%
6. 自宅でそのほかの人と(詳しく：　　　　　)　9.9%
7. 小・中学校や教育支援センター（適応指導教室)で　6.2%
8. 通信制・定時制高校で　2.5%
9. 塾・予備校で　4.9%

10. 特に何もしていない　16.0%
11. その他(　　　　　) 2.5%

Q22. あなたはふだんスタッフをどのように呼んでいますか。(複数回答)
N=81

1. 名字に先生をつけて呼んでいる　18.5%
2. 名字に「さん」をつけて呼んでいる　30.9%
3. 名字または名前のみで呼んでいる　16.0%
4. ニックネームで呼んでいる　64.2%
5. その他　6.2%

Q23. あなたは、スタッフに対してどのような印象(気持ち)を持っていますか。1から4までのどれかを1つずつ選んでください。 n=79〜81

1. そう思う
2. ややそう思う
3. あまりそう思わない
4. そう思わない

	そう思う	ややそう思う	あまりそう思わない	そう思わない
話しやすい	79.0%	17.3%	0.0%	3.7%
優しい	81.3%	15.0%	2.5%	1.3%
対等につきあってくれる	70.9%	21.5%	5.1%	2.5%
おもしろい	70.0%	23.8%	2.5%	3.8%
強制しない	72.2%	24.1%	1.3%	2.5%
話を聞いてくれる	73.8%	22.5%	2.5%	1.3%
信頼できる	75.9%	15.2%	6.3%	2.5%
丁寧に教えてくれる	68.8%	23.8%	5.0%	2.5%
一緒に考えてくれる	68.4%	27.8%	1.3%	2.5%
学校にこだわっていない	78.5%	13.9%	3.8%	3.8%

Q24. あなたの通っているフリースクールは何かを決めるとき、次のどれにもっとも近いと思いますか。 N=81

1. 子どもと大人で対等に話し合い、両者で決めている　48.1%
2. 子どもたちが決定し、大人はそれに協力するやり方が基本になっている　40.7%
3. 大人がおおむね決定し、子どもたちに指示するやり方が基本になっている　11.1%

Q25. あなたが、もっとフリースクールでできたらいいなと思うことは何ですか。当てはまるもの全てを選んでください。(複数回答) n=72

1. 受験勉強　12.5%
2. 基礎学習　12.5%
3. 知的興味を深める　23.6%
4. スポーツ　27.8%
5. 音楽、表現、芸術活動　31.9%
6. 実験　19.4%
7. パソコン　23.6%
8. 語学学習　6.9%
9. 体験活動(アウトドア・もの作りなど)　29.2%
10. 職業などにつながる技術の習得　18.1%
11. 職業訓練　9.7%
12. 仕事体験　12.5%
13. 海外体験・留学　11.1%
14. ボランティア　12.5%
15. カウンセリング　4.2%
16. その他　8.3%

Q26. 次にあるような設備のうち、あなたがフリースクールにあったらいいなと思うものを、3つまで選んでください。 N=81

1. 図書室　22.2%
2. グラウンド　12.3%

3. 体育館 18.5%
4. 図工室 7.4%
5. パソコン室 13.6%
6. 理科室 2.5%
7. 音楽室 22.2%
8. スタジオ 9.9%
9. 大きな部屋 21.0%
10. 保健室 2.5%
11. 相談室 2.5%
12. 宿泊設備 7.4%
13. 売店 11.1%
14. 1人になれる部屋 19.8%
15. プール 18.5%
16. 劇場 3.7%
17. 学習室 3.7%
18. 料理室 11.1%
19. その他 2.5%
20. 特にない 11.1%

Q27. あなたが現在通っているフリースクールに対して、改善してほしいと思うことは何ですか。当てはまるもの全てを選んでください。（複数回答） n=78

1. 開設時間を延長してほしい 23.1%
2. 開室日数を増やしてほしい 11.5%
3. 活動を増やしてほしい 15.4%
4. 活動をおもしろくしてほしい 10.3%
5. もっと子どもの意見を取り入れてほしい 3.8%
6. 会費を下げてほしい 14.1%
7. 場所が近くなってほしい 19.2%
8. もっときまりがほしい 1.3%
9. もっと自由にしてほしい 3.8%
10. 会員が増えてほしい 20.5%
11. 会員が減ってほしい 1.3%
12. 居やすくしてほしい 7.7%

13. スタッフの人数を増やしてほしい　11.5%
14. スタッフの質を高めてほしい　6.4%
15. 資格がほしい　3.8%
16. 通うための奨学金がほしい　5.1%
17. その他　3.8%
18. 特にない　30.8%

Q28. フリースクールに関して、行政に要望することはありますか。当てはまるもの全てを選んでください。（複数回答） n=79

1. 学校に行くのを当然と考えないでほしい　45.6%
2. 高校生年齢の会員も学割定期券を使えるようにしてほしい　12.7%
3. 公共施設(ｸﾞﾗｳﾝﾄﾞなど)を無料で貸してほしい　26.6%
4. 公共施設を優先して使わせてほしい　8.9%
5. いろんな情報を提供してほしい　11.4%
6. フリースクールにお金を出してほしい　50.6%
7. フリースクールの設備を整えてほしい　29.1%
8. その他　3.8%
9. わからない　8.9%
10. 特にない　16.5%

Q29. あなたが現在、悩んでいることは何ですか。次の①～⑪のそれぞれについて、「1.悩んでいる」から「4.以前に悩んでいた」までのうち、もっとも当てはまる気持ちを1つずつ選んでください。 n=75～78

	1.悩んでいる	2.悩んでいない	3.どちらとも言えない	4.以前に悩んでいた
①進学のこと	41.0%	33.3%	17.9%	7.7%
②将来のこと	44.2%	31.2%	18.2%	6.5%
③フリースクールでの人間関係	12.0%	58.7%	18.7%	10.7%
④フリースクールでの活動について	5.3%	77.3%	13.3%	4.0%
⑤家族との関係	12.8%	74.4%	7.7%	5.1%
⑥自分自身のこと	33.3%	42.7%	14.7%	9.3%
⑦学力について	40.3%	39.0%	14.3%	6.5%
⑧近所の人との人間関係	9.3%	77.3%	9.3%	4.0%
⑨学校のこと	17.1%	52.6%	13.2%	17.1%
⑩家庭の経済的なこと	13.2%	59.2%	23.7%	3.9%
⑪友人関係	25.0%	56.6%	7.9%	10.5%

Q30. **上の①〜⑪以外で、現在悩んでいることがあったら、自由に書いてください。**

Q31. **あなたは、現在なぜ自分がフリースクールに通っていると思いますか。当てはまるものを全て選んでください。（複数回答）** N=81

1. 友達がいるから　54.3%
2. やりたいことができるから　48.1%
3. 安心できるから　49.4%
4. 学習ができるから　25.9%
5. スタッフがいるから　38.3%
6. 家にいたくないから　12.3%
7. いろんな人に会えるから　46.9%
8. 自分に合っているから　46.9%
9. 自分で活動を創れるから　28.4%
10. 楽しいから　65.4%

11. 本当の自分を出せるから　32.1%
12. なんとなく　21.0%
13. 他に行くところがないから　9.9%
14. 学校に戻るため　3.7%
15. その他　3.7%

Q32. フリースクールに行くようになって、あなた自身に次のような変化はありましたか。当てはまるものを全て選んでください。（複数回答）
n=79

1. 明るくなった　46.8%
2. 友人ができた　53.2%
3. 積極的になった　31.6%
4. 知識が広がった　45.6%
5. 学校に行かなくても大丈夫と思えるようになった　40.5%
6. 自信が持てるようになった　45.6%
7. やりたいことがみつかった　32.9%
8. 学校に行けるようになった　12.7%
9. その他　2.5%
10. 変わらない　12.7%

Q33. 現在通っているフリースクールを退会した後、次に何をするかといった予定を考えていますか。もっとも近いものを1つだけ選んでください。 N=81

1. 進学・受験　35.8%
2. 元の学校へ戻る　7.4%
3. 就職　6.2%
4. アルバイト　6.2%
5. ボランティア活動　1.2%
6. 趣味を深める　9.9%
7. 海外留学　2.5%
8. 資格をとる　1.2%
9. わからない　8.6%

10. その他　1.2%
11. 考えていない　19.8%

Q34. あなたは、現在のフリースクールでの生活をどう感じていますか。
N=81

1. 楽しい　71.6%
2. まあまあ楽しい　22.2%
3. あまり楽しくない　3.7%
4. 楽しくない　2.5%

Q35. あなたはフリースクールに入ってよかったと思いますか。 N=81

1. よかった　88.9%
2. まあよかった　7.4%
3. あまりよくなかった　3.7%
4. よくなかった　0.0%

Q36. 最後に、何でも自由に書いてください。

4 保護者調査 （回収票数：N=292）

Q1. お子様が通われているフリースクール名をお教えください。

Q2. お子様の年齢をお教えください。

（○歳） 最小値＝6歳 最大値29歳

Q3. お子様の学年をお教えください。 n=285

小学校低学年	10.9%
小学校高学年	35.8%
中学生	36.8%
高校生	10.9%
大学生	1.1%
その他	4.6%
合計	100.0%

Q4. お子様の性別をお教えください。 n=288

1. 男性 63.5%
2. 女性 36.1%
3. その他 0.3%

Q5. このフリースクールはいつ入会しましたか。 n=282

～2018年	15.6%
2019～2020年	27.0%
2021年	31.9%
2022年	25.5%
合計	100.0%

Q6. この質問に回答いただいている保護者についてお教えください。
n=289

1. 父親 9.3%
2. 母親 90.3%
3. 祖父母 0.3%
4. その他( ) 0.0%

Q7. 保護者の方の年齢をお教えください。 n=285

30～39歳	11.2%
40～49歳	64.6%
50～59歳	22.8%
60歳～	1.4%
合計	100.0%

Q8. お子様とのお住まいの状況についてお教えください。 n=289

1. 同居 98.3% 2. 別居 1.7%

Q9. 住んでいる都道府県 n＝289

都市圏（東京、神奈川、埼玉、千葉、愛知、京都、大阪、兵庫、福岡）
57.4%
非都市圏（それ以外の道県） 42.6%

Q10. お子さんが現在通っているフリースクールを知った、最初のきっかけは何ですか。次の中からもっとも当てはまるものを1つだけ選んでください。 n=289

1. 友人、知人から聞いた 18.7%
2. 教師から聞いた 2.8%
3. 子どもが自分で調べてきた 1.7%
4. スクールカウンセラーから聞いた 2.1%
5. 新聞、ＴＶ、ラジオで知った 2.1%
6. 本や雑誌で知った 1.7%
7. インターネットで知った 51.9%
8. 相談機関の人から聞いた 3.5%
9. 病院で聞いた 2.1%
10. 親の会で聞いた 3.5%
11. 集会、イベントで知った 3.5%
12. 家族・親族から聞いた 2.8%
13. その他 3.8%

Q11. 保護者として、お子さんが現在通っているフリースクールへの入会を決めた理由は何ですか。当てはまるもの全てを選んでください。（複数回答） N=292

1. 強制がないから 39.8%
2. 子どもが自由に意見を言えるから 26.3%
3. 楽しそうだから 50.2%
4. 子どもがやってみたい講座、活動があったから 19.7%
5. 勉強をさせたかったから 9.0%
6. ゆっくりできるから 16.3%

7. 家にいてほしくなかったから 8.7%
8. どこかに通ってほしかったから 44.6%
9. 子どもが「通いたい」と言ったから 66.8%
10. スタッフが信頼できたから 57.1%
11. 進学の準備をさせたかった 3.5%
12. 友人を作ってほしかった 37.4%
13. 利用させたい設備があったから 4.5%
14. 外に出るきっかけをつくりたかったから 46.0%
15. 自分で行く日や時間を決められるから 23.5%
16. 子どもが退屈していたから 8.7%
17. 組織がしっかりとしているから 13.5%
18. 自分が安心できるから 27.0%
19. フリースクールの理念に共感したから 47.8%
20. その他 16.6%

Q12. お子さんが現在通っているフリースクールの入会にあたって、フリースクール側から何か条件を提示されましたか。 n=289

1. 特になかった 87.5%　　2. あった 12.5%

Q13. お子さんのフリースクールの入会にあたって、保護者から子どもに何か条件を提示しましたか。当てはまるもの全てを選んでください。 n=289

1. 勉強をする 6.6%
2. 毎日通う 4.8%
3. 「フリースクールに通うのは○○歳まで」などの期間の限定 1.7%
4. 進学をする 1.7%
5. 会費を自分で出す 0.0%
6. フリースクールの活動へ参加する 5.5%
7. アルバイトをする 0.0%
8. 規則正しい生活をする 10.4%
9. お小遣いを減らす 0.0%

10. その他　4.8%
11. 特になかった　77.2%

Q14. 現在通っているフリースクールにお子さんが入る以前に、あなたは次にあげるところに行ったことがありますか。当てはまるもの全てを選んでください。(複数回答) n=264

1. 他のフリースクール・フリースペース　36.4%
2. 教育支援センター（適応指導教室）　30.3%
3. 学校の相談室　54.9%
4. 教育委員会　8.3%
5. 教育相談所・教育相談センター　36.7%
6. 保健所・児童相談所　9.5%
7. 精神保健福祉センター　1.9%
8. 病院　49.6%
9. 民間のカウンセリングルーム・相談機関　16.3%
10. 行政の宿泊型施設(健康学園、情短施設など）　0.4%
11. 民間の宿泊型施設　0.4%
12. 山村留学　0.4%
13. 親の会　19.3%
14. サポート校　0.8%
15. 塾・予備校　9.1%
16. 校内フリースクール　1.9%
17. その他　6.8%

Q15. 現在お子さんが通っているフリースクールは、1週間に何日開いていますか。 n=288

最小値 1日、最大値 7日、最頻値 5日(65.3%)

Q16. そのうち、お子さんは1週間平均すると何日くらい行っていて、その日は平均何時間くらいフリースクールにいますか。

1週間に平均約(　)日通って、1日平均(　)時間くらいいる

n=287

1～2日	32.4%
3～4日	36.3%
5日～	31.3%
合計	100.0%

n=285

～4時間	27.0%
5～6時間	49.8%
7～9時間	23.2%
合計	100.0%

Q17. フリースクールに着く時刻はおよそ何時頃ですか。もっとも多い時間帯を1つだけ選んでください。 n=287

1. 午前中　82.9%
2. 12時～15時頃　13.9%
3. 15時～18時頃　3.1%
4. 18時以降　0.0%

Q18. お子さんは、フリースクールに行った日はどんなことをして過ごしていますか。当てはまるもの全てを選んでください。(複数回答) n=288

1. 講座・授業に出る　35.8%
2. 友達と話す　73.3%
3. 漫画や本を読む　30.6%
4. 友達と遊ぶ　64.6%
5. 趣味の時間をもつ　39.9%
6. スポーツをする　34.0%
7. 個人学習をする　34.4%
8. 実行委員会・サークル活動　9.4%
9. 体験活動　52.8%
10. (悩み事などを)相談する　12.2%
11. スタッフと話す　73.3%
12. ミーティングに参加する　31.3%

13. その他　16.3%
14. 特に何もしない　0.7%
15. わからない　0.3%

Q19. フリースクールでの活動中にお子様がICT 機器（スマホ・タブレット端末・PC 等）を活用することはありますか？ n=288

1. ある　75.0%
2. ない　13.5%
3. わからない　11.5%

※「1．ある」を選んだ方は以降の質問にお答えください。

Q20. どのような活動でICT 機器を活用していますか？当てはまるもの全てを選んでください。（複数選択可） n=216

1. わからない　20.4%
2. 教科等の学習　30.1%
3. 教科等の学習以外の活動（自由記述）　66.2%

Q21. 利用しているサービスやアプリについて教えてください。当てはまるもの全てを選んでください。（複数選択可） n=213

1. 在籍校でも使っているもの　8.5%
2. フリースクールで用意しているもの　37.6%
3. 子どもが見つけてきたもの　36.2%
4. わからない　26.8%
5. その他（自由記述）　12.7%

Q22. 使用している端末は誰のものですか？当てはまるもの全てを選んでください。（複数選択可） n=215

1. 子ども　53.0%

2. 保護者 19.1%
3. フリースクール 48.4%
4. 学校等 5.6%
5. わからない 3.3%
6. その他(自由記述) 0.0%

Q23.ICTを活用した学習等について在籍校との連携が行われていますか？当てはまるもの全てを選んでください。(複数選択可) n=215

1. 特に連携は行われていない 65.6%
2. 学習状況・学習履歴の共有等に活用されている 8.8%
3. 在籍校の通知表等に反映されている 3.7%
4. 在籍校で出席扱いとする際の根拠資料の1つとなっている 7.0%
5. わからない 17.7%
6. その他 4.7%

Q24.現在通っているフリースクールと並行して、お子さんが定期的に行っているところはありますか。当てはまるもの全てを選んでください。(複数回答) n=202

1. 教育支援センター（適応指導教室） 6.9%
2. 他のフリースクール、フリースペース 10.9%
3. サポート校 1.0%
4. 行政の相談機関 8.4%
5. 民間の相談機関 3.0%
6. 学習塾 12.4%
7. 小中学校の教室 16.8%
8. 保健室・別室登校 8.9%
9. 通信制高校 6.4%
10. 定時制高校 1.5%
11. 普通高校 0.5%
12. 高認予備校 0.0%
13. 専門学校 0.0%

14. ボランティア　2.5%
15. アルバイト　3.0%
16. 医療機関　25.2%
17. 校内フリースクール　2.0%
18. 放課後等デイサービス　6.9%
19. スポーツ・音楽・芸術等　10.9%
20. 通級・特別支援学級　2.0%
21. その他　4.5%

Q25. お子さんはふだんどのような形で学習をやっていますか。当てはまるもの全てを選んでください。（複数回答） n=289

1. フリースクールの講座・授業で　31.5%
2. フリースクールで個人学習　28.7%
3. 自宅で個人学習　45.0%
4. 自宅で家庭教師と　2.4%
5. 自宅で学校の先生と　0.7%
6. 自宅で家族・親族と　5.9%
7. 自宅でそのほかの人と(詳しく：　　　　　) 1.0%
8. 小・中学校や教育支援センター（適応指導教室)で　8.7%
9. 校内フリースクールで　0.3%
10. 通信制・定時制高校で　4.2%
11. 塾・予備校で　9.0%
12. 放課後等デイサービス　1.4%
13. オンライン学習サービス　2.4%
14. その他　4.8%
15. 特に何もしていない　15.6%

Q26. お子さんの現在通っているフリースクールのやり方は、次のどれにもっとも近いと思いますか。 n=287

1. 子どもと大人で一緒に話し合い、両者で決めている　54.4%
2. 子どもたちが決定し、大人はそれに協力するやり方が基本になっている　38.7%

3. 大人がおおむね決定し、子どもたちに指示するやり方が基本になっている　7.0%

Q27. お子さんがフリースクールに通うための費用は、1年間でおよそどれくらいかかりますか。

①会費(〇円)※12か月分　n=272
最小値＝0円、最大値＝1,200,000円、最頻値＝240,000円

②入会金(〇円) n=227
最小値＝0円、最大値＝400,000円、最頻値＝0円

③交通費(〇円) n=213
最小値＝0円、最大値＝300,000円、最頻値＝0円

④会費・交通費以外(〇円) n=157
最小値＝0円、最大値＝550,000円、最頻値＝0円

Q28. 会費についてあなたはどう思いますか。　n=284

1. 高いが負担するのは仕方ない　33.5%
2. 今の額が妥当と感じる　24.6%
3. 出来れば安くしてほしい　25.0%
4. もっと高くした方がいい　3.2%
5. その他　13.7%

Q29. お子さんが現在通っているフリースクールでは、保護者向けに取り組んでいる活動はありますか。当てはまるもの全てを選んでください。(複数回答)

	フリースクールが保護者向けに取り組んでいる活動 n=286	実際にあなたが参加されているもの n=253
1.保護者同士の学習会、相談会	66.1%	51.0%
2.保護者がフリースクールの運営や活動について話し合う機会	45.5%	28.9%
3.スタッフとの個別相談	85.0%	72.7%
4.専門家との個別相談	11.5%	4.7%
5.通信物の提供	52.8%	37.9%
6.保護者同士のサークル的活動	18.5%	8.7%
7.子どもと保護者がいっしょに参加できる企画・イベント	57.0%	39.9%
8.その他	7.0%	7.1%
9.特にない	2.4%	6.3%

Q30.お子さんが現在通っているフリースクールでは、運営に保護者の方がどのように関わっていますか。もっとも近いものを1つだけ選んでください。 n=278

1. 保護者が経営・運営の討議に参加して、決定にも加わる 19.4%
2. 保護者は経営・運営の討議に加わるが、決定に参加できない 7.2%
3. 経営・運営については、スタッフや経営側がおおむね決定する 71.2%
4. その他 2.2%

Q31.お子さんがフリースクールに通う主な手段は何ですか。1つだけ選んでください。 n=289

1. 電車 41.9%
2. 自転車 9.3%

3. 徒歩のみ 4.5%
4. バス 7.3%
5. 家の人に車で送ってもらう 33.6%
6. バイク 0.0%
7. フリースクールによる送迎 2.8%
8. その他 0.7%

Q32. 家からフリースクールまでの時間は片道どのくらいですか。 n=288

（約○分）最小値＝0分、最大値＝240分、最頻値＝30分

Q33. お子さんが電車・バスで通っている方にだけうかがいます。次のうち、もっとも当てはまるものはどれですか。 n=135

1. 料金は都度支払っている 49.6%
2. 回数券を買っている 6.7%
3. 学割で定期券を買っている 34.8%
4. 通勤定期券を買っている 8.9%

Q34. 学割定期券を買っていない方にだけうかがいます。学割定期を購入しないのはなぜですか。もっとも大きな理由として当てはまるものを1つだけ選んでください。 n=85

1. 子どもが中学校を卒業しているから 15.3%
2. 学割定期券で割安になるほどの日数を通っていないから 45.9%
3. 学校が証明書を出してくれないから 16.5%
4. 手続きがよくわからないから 4.7%
5. 学校とのやりとりをしたくないから 1.2%
6. 学割定期券が使えることを知らなかった 5.9%
7. その他 10.6%

Q35. お子さんの通うフリースクールに対して、改善してほしいと思うことは何ですか。当てはまるもの全てを選んでください。（複数回答）
n=285

1. 開設時間を延長してほしい　15.8%
2. 開室日数を増やしてほしい　12.3%
3. 活動を充実させてほしい　8.1%
4. もっと子どもの意見を取り入れてほしい　1.4%
5. 会費を下げてほしい　25.6%
6. 場所が近くなってほしい　13.0%
7. スタッフの人数を増やしてほしい　12.6%
8. もっときまりがほしい　1.1%
9. もっと自由にしてほしい　0.7%
10. スタッフの質を高めてほしい　4.9%
11. もっと厳しくしてほしい　0.4%
12. 会員が増えてほしい　12.3%
13. 会員が減ってほしい　1.4%
14. 子どもにとって居やすくしてほしい　6.3%
15. 資格がもらえるようにしてほしい　2.8%
16. 通うための奨学金がほしい　18.9%
17. 保護者の参加の機会を増やしてほしい　4.6%
18. もっと保護者の意見を取り入れてほしい　1.8%
19. 保護者の参加の負担を減らしてほしい　1.8%
20. 施設環境を改善してほしい　1.4%
21. 何らかの学習サポートがほしい　3.2%
22. その他　6.0%
23. 特にない　35.1%

Q36. フリースクールに関して、行政に要望することはありますか。当てはまるもの全てを選んでください。（複数回答） n=289

1. 学校に行くのを当たり前と考えないでほしい　69.6%
2. 高等部の会員も学割定期券を使えるようにしてほしい　27.3%
3. 公共施設を無料で貸してほしい　25.3%
4. 公共施設を優先して使わせてほしい　13.1%

5. いろんな情報を提供してほしい　33.6%
6. フリースクールにお金を出してほしい　83.0%
7. フリースクールの設備を整えてほしい　56.4%
8. 学校と同等の教育と認めてほしい　4.5%
9. その他　18.0%
10. わからない　1.7%
11. 特にない　2.4%

Q37. 現在、お子さんが悩んでいるのはどんなことだと思いますか。次の①〜⑪のそれぞれについて、「1.悩んでいる」から「4.以前に悩んでいた」までのうち、もっとも当てはまるものを1つずつ選んでください。 n=271〜282

	悩んでいる	悩んでいない	どちらとも言えない	以前に悩んでいた
①進学・のこと	35.6%	23.0%	33.1%	8.3%
②将来のこと	40.8%	20.6%	33.0%	5.7%
③フリースクールでの人間関係	8.4%	60.1%	22.0%	9.5%
④フリースクールでの活動について	4.4%	76.6%	16.1%	2.9%
⑤家族との関係	11.1%	49.1%	31.0%	8.9%
⑥自分自身のこと	36.7%	21.5%	30.2%	11.6%
⑦学力について	35.4%	21.7%	36.1%	6.9%
⑧近所の人との人間関係	7.4%	65.8%	20.6%	6.3%
⑨学校のこと	30.0%	30.0%	19.5%	20.6%
⑩家庭の経済的なこと	11.0%	63.4%	25.3%	0.4%
⑪友人関係	20.1%	36.9%	28.1%	15.0%

Q38. 上の①〜⑪以外で、お子さんが悩んでいることがあったら、自由に書いてください。(自由記述)

Q39. **現在、あなた（保護者の方）がお子さんのことで悩んでいるのはどんなことですか。次の①～⑫のそれぞれについて、もっとも当てはまるものを1つずつ選んでください。** n=274～284

	悩んでいる	悩んでいない	どちらとも言えない	以前に悩んでいた
①進学のこと	50.0%	22.9%	17.5%	9.6%
②将来のこと	52.8%	18.7%	21.5%	7.0%
③フリースクールでの人間関係	9.1%	70.1%	17.5%	3.3%
④フリースクールでの活動について	8.7%	72.2%	15.5%	3.6%
⑤家族との関係	18.4%	55.6%	16.6%	9.4%
⑥自分自身のこと	28.9%	41.9%	23.1%	6.1%
⑦学力について	42.5%	27.1%	22.9%	7.5%
⑧近所の人との人間関係	6.5%	68.8%	18.1%	6.5%
⑨学校のこと	30.9%	40.6%	13.7%	14.7%
⑩経済的な負担	45.2%	26.2%	25.4%	3.2%
⑪友人関係	17.8%	58.0%	18.8%	5.4%
⑫子どもの気持ちがわからない	14.2%	44.0%	30.5%	11.3%

Q40. **前ページの①～⑫以外で、あなた（保護者の方）が悩んでいることがあったら、自由に書いてください。**

Q41. **あなたから見て、現在、お子さんがフリースクールに通っているのはなぜだと思いますか。当てはまるもの全てを選んでください。（複数回答）** n=289

1. 友達がいるから　51.9%
2. やりたいことができるから　47.8%

3. 安心できるから 68.5%
4. 学習ができるから 18.0%
5. スタッフがいるから 54.7%
6. 家にいたくないから 5.2%
7. いろんな人に会えるから 28.4%
8. 自分に合っているから 61.2%
9. 自分で活動を創れるから 26.3%
10. 楽しいから 63.3%
11. 本当の自分を出せるから 36.0%
12. なんとなく 13.8%
13. 他に行くところがないから 18.3%
14. 学校に戻るため 2.8%
15. その他( ) 10.4%
16. わからない 0.7%

Q42. あなたから見て、フリースクールにお子さんが通って良かったと思う点は何ですか。当てはまるもの全てを選んでください。(複数回答)
n=285

1. 子どもが明るくなった 57.9%
2. 子どもに友達ができた 53.3%
3. 子どもが意欲的になった 43.2%
4. 子どもが元気になった 64.6%
5. 子どもに情報が入るようになった 27.0%
6. 子どもが相談できるようになった 26.7%
7. 子どもが勉強するようになった 13.3%
8. 子どもにやりたいことが見つかった 19.6%
9. 子どもが健康になった 29.1%
10. 子どもに居場所ができた 81.4%
11. 子どもと自分の関係が良くなった 29.5%
12. 学校へ戻れた、戻れそう 4.9%
13. その他 14.4%

Q43. あなた自身がフリースクールに関わって良かったと思う点は何ですか。当てはまるもの全てを選んでください。（複数回答） n=288

1. 自分が明るくなった　24.7%
2. 自分に信頼できる仲間ができた　25.7%
3. 自分が意欲的になった　18.4%
4. 自分が元気になった　37.8%
5. 自分に情報が入るようになった　51.4%
6. 自分が相談できるようになった　49.0%
7. 自分に居場所ができた　19.1%
8. 子どもと自分以外の家族との関係が良くなった　19.8%
9. 自分と子ども以外の家族との関係が良くなった　14.9%
10. その他　16.7%
11. 特にない　8.3%

Q44. お子さんは、フリースクールを退会した後について、どのように考えていると思いますか。もっとも近いものを1つだけ選んでください。
n=287

1. 進学・受験　38.0%
2. 元の学校へ戻る　3.5%
3. 就職　5.2%
4. アルバイト　1.7%
5. 趣味を深める　3.5%
6. 海外留学　1.0%
7. その他　2.8%
8. まだ考えていないと思う　34.1%
9. 子どもがどう考えているのかはわからない　10.1%

Q45. あなたは、お子さんの今後を現在どのようにお考えですか。近いものを３つだけ選んでください。（条件：回答は３つのみ） n=289

1. 学校にできるだけ早く戻ってほしい　1.0%
2. 次の学年からは行ってほしい　1.7%
3. そのうち学校に行ってほしい　8.3%

4. 進学をしてほしい 18.7%
5. 経済的に自立してほしい 26.6%
6. 規則正しい生活を行ってほしい 27.0%
7. フリースクールに通って成長してほしい 34.6%
8. 子どもの好きなように自由に生きてほしい 43.3%
9. アルバイトなどをしてほしい 3.8%
10. 早く就職してほしい 0.3%
11. 自分の好きなことを探してほしい 59.9%
12. 学校に行かなくても勉強だけはしてほしい 17.6%
13. 将来のために資格をとってほしい 5.2%
14. その他 6.6%

Q46. お子さんについて、不安だと感じる点は何ですか。次の①〜⑤のそれぞれについて、もっとも当てはまるものを1つずつ選んでください。 n=287〜288

	不安だと感じる	不安ではない	以前不安だった
①学力について	51.9%	24.7%	23.3%
②自立できるかについて	53.8%	30.2%	16.0%
③社会性が身に付くかについて	37.6%	43.9%	18.5%
④ひきこもりにならないかについて	24.7%	51.9%	23.3%
⑤精神的な不安定について	38.3%	34.5%	27.2%

Q47. 上記の①〜⑤以外で、不安だと感じる点があったら、自由に書いてください。

Q48. お子さんにとって現在のフリースクールに通ったことは、よかったと思いますか。1つだけ選んでください。 n=288

1. よかった 88.9%
2. まあよかった 10.4%

3. あまりよくなかった　0.3%
4. よくなかった　0.3%

Q49. 保護者の方にとって、お子さんが現在のフリースクールに通うことは、よかったと思いますか。1つだけ選んでください。 n=285

1. よかった　89.5%
2. まあよかった　9.1%
3. あまりよくなかった　1.1%
4. よくなかった　0.4%

Q50. 最後にフリースクールについて思っていることを、何でも自由にお書きください。

おわりに

フリースクール全国ネットワークからの提言

(1)学校外で、学びの機会を増やすために

学校に行かない児童生徒が約30万人(小学生から高校生)まで増えているにも関わらず、学校外でも学びの機会を十分につくることができていないという実態が、今回の調査で明らかにされた。20年前は、フリースクールは、市民活動として当事者である保護者や不登校経験者が立ち上げてきた。彼らの多くは、不登校の子どもの学校への不適応だけを問題視する教育の在り方に強い疑問を持ち、不登校の子どもたちの在り方が認められる、学びの在り方を考えてフリースクールを立ち上げた。今回の調査でも明らかなように、20年経っても財政等に不安が多く、持続可能な経営ができていない。この20年の中で、学校法人や企業がフリースクールに参入してきた。彼らは通信制高校も併設しながら、人材を育成し持続可能な経営の実践も行っている。持続可能な受益者負担やコンテンツのつくり方を学ぶことは、とても必要とされている。

増え続ける不登校の子どもたちに対して、本来「教育は無償で提供されなければならない」という原則にもとづけば、私たちはできるだけ参加しやすく、誰にでも学べる教育機会を提供する必要があろう。しかし、現実には安価な教育機会を提供するという問題と、持続可能なフリースクールの経営を行うという事の両立はかなり困難だと言っていい。私自身が、人口11万人、周辺人口合わせても17万人の町でフリースクールを経営していくことに非常に苦労を重ねてきた。おそらく、個人のフリースクールであったとしたら、すでに経営を持続することができなかったにちがいない。

地域には、さまざまな理由から学校外で学ぶ必要性がある子どもたちに、学びの機会を提供することを応援してくれる人たちがいた。あ

る人は寄付をし、無償で学習支援をし、食材を提供してくれた。何かできないか？ と思う人と私たちの活動をつなぎ、社会に対して教育の場としてのフリースクールを伝えていく活動があったから私たちの活動は持続できている。社会と活動をつなぎ、サービスを受ける価値を認識した上で対価を得る活動、いわゆる経営することなしに私たちの活動は持続できなかった。

人材の採用から育成、資金集め、広報。行政への政策提案から、学校との連携、適切な会計処理や報告まで、どれも一定程度のスキルが必要とされている。活動を持続させることは、子どもの相談を聞くことと同じくらいに大切な事だという認識を持たない限り、持続できない。「思い」に重点を置きすぎた経営を実践すれば、経営することが、教育とは異なるスキルが必要とされる。経営に必要なスキルをスタッフや協力者と分かち合い、外部に資源を求めていくことである。フリースクール全国ネットワークとしても、持続可能なフリースクールを運営するスキルを身につける人材育成を強化していく必要がある。

すでにある児童へのサービスを民間事業者として参入しながらフリースクールを経営することもできる。これまでの私たちのこだわりを一旦捨てて、学校外での学びを必要としている子どもに寄り添って考えてみる。私たち個人のこだわりを、子ども中心のこだわりに変換してみる。人が相互に学び合う価値に勝るものがないとすれば、私たちフリースクールを運営する立場の人間はもっと大きな挑戦もできる。

すでに、いくつかのフリースクールが学校法人化を行い、不登校特例校を設立したように、学校の設立や放課後等デイサービス、認定こども園、学習塾を兼ねるフリースクールがあってもいい。これまでの経営の構造を変えていくには、私たちの決断が必要とされる。私たちが自分の組織の在り方や変容に、積極的に挑戦していく必要がある。

(2)都道府県ごとのフリースクールの連携を強化

宮城県や千葉県、東京都のように地域でのフリースクールネットワークができつつある。すでに2023年より、全国いくつかの自治体において(つくば市、東京都)フリースクールへの通所助成が行われている。また、フリースクールへ運営補助を検討している自治体もある(茨城県)。自治体が、学校外の学びを支援しようとした時に、個々のフリースクールがバラバラであっては、どのように現場を支えていいのかもわからない。学校外で学ぶ子どもの適切な教育へのニーズ、運営する側の困難も理解するのに時間がかかる。行政は、民間活動を助成していく時に、誰からも不平不満が出ないミニマムな政策として事業を実施していくのか。当事者である子どもへの支援を進めていくために、大胆な施策を行っていくのか。いずれにしても、当事者への政策をできるだけ適切に迅速に変化させていくには、行政が理解を促進させていくような話し合いは欠かせない。全国的な法制度の整備や、文科省の施策については、フリースクール全国ネットワークが中心となってこれからも進めていく。しかし、教育現場があるのは地方であり、具体的な不登校施策は市町村によっても異なっている。

そのためには、教育行政エリアごとのフリースクールのネットワークや協議体をつくり、行政と協議を重ねながら具体的な施策や試行的な事業を進めていく必要がある。政策の精度を高めていくには、試行錯誤が欠かせない。官民ともに失敗を怖がっていても何も進まない。「行政の責任だ」と不満ばかりを言っていても何も解決しない。むしろ、行政にダメージ与えるだけで終わってしまう。一旦できた行政の施策をいかにステップアップさせるのか？ これは民間の側からの問いや、調査結果の提供にかかっている。

私たちは、今回の調査結果も積極的に行政への政策提案に使ってもらっていいと思い、このデータは、オープンデータとして活用する。子どもたちの利益のために、フリースクールも研究者も全ての人が動きはじめ、その動きを止めない努力こそが大事だと考えている。

(3) フリースクールが公教育へ参画

学校内に「フリースペース」がつくられている。高校では「校内カフェ」とも言われている。そこにいる、子どもと大人の関係性を上下の関係から「ナナメの関係」に変化させていくことや、「見守る」という行為を創りだすことは、意外と難しい。形が決まっていないものを創りだすことに、学校教育を受けた人が困難を感じるからだ。フリースクールにいる私たちは、日常的な関係が「ナナメ」であり、相手の意思を尊重している。子どもと大人を区別しないで会話もできる。

学校に行かないという「常識を超える困難」に出会った保護者が、徐々に子どもの在り方の変容から自分の考えを変化させることも、保護者会（不登校の親の会）ではおきた。フリースクールの中での「意図しない自己変容」の在り方、環境づくりは学校の中にも求められている（「COCOLOプラン」文科省2023）。フリースクールや民間が、公教育の中にノウハウを移転していくことは、不登校に苦しむ本人、保護者にとっても有益なことではないだろうか？

学校は、フリースクールの反対にあるステレオタイプな存在ではなく、フリースクールの隣にある存在として認知された時に、不登校の子どもたちの存在が社会から肯定されていくとも考えられる。

(4) フリースクールでは「支援」から「子どもと学びをデザインする」

フリースクールでの学びは、形が決まったフォーマルなものではない。ある意味、公教育のように、答えが一つになるように「人工的に創られて」いない。いつも修正したり、設計の変更を行えるものとして学びが創られている。その場にいる子どもと、スタッフの間にくり広げられる創造的なデザインの結果、「学び」が生まれている。

フリースクールで行われている学びの豊かさや感動を、しっかりと私たちは言語化して社会に伝える努力を怠ってはいないだろうか？社会に対して「生きる豊かさ」への問いを忘れてはいないだろうか？

具体的に言えば、不登校の子どもが、給与や収入がある仕事につくことはとても大事なことだが、学校に行かなくとも働くことへの希望を失っていなければ、仕事をして収入を得ることができる。不登校の子どもは社会に参加できないわけではない。どのような形で参加すればいいのか？ を考えているだけなのに、その能力がないと評価されてしまうことに困難を感じているだけである。子どもたちの可能性は、環境によって拓かれるということも多い。この環境づくりを積極的に行うことも重要なフリースクールの役割だ。

この視点の違いを、社会に理解してもらうことが、フリースクールができることだと思う。今は少子化である。不登校を経験しても、理由や本人の就労意欲、スキルさえ理解してもらえれば社会に出ることにさほど困難はない。それぞれの地域コミュニティーの中で、フリースクールも地域の大切な一員として、そこで学んで進学をし、仕事につく人材がいるという認識を持ってもらうことはとても重要である。社会との接続をつくることは、フリースクールの大切な役割だと考えている。

フリースクールにおいても、子どもたちにとって、魅力ある学びの実践がくり広げられるように、学校に行く、行かないに関わらず、どの子も参加できるような学びの在り方を今後とも模索していきたい。

特定非営利活動法人 フリースクール全国ネットワーク
代表理事 江川和弥

本書に関するお問い合わせについて

調査および本書の引用について

〇「フリースクール全国調査」の調査内容および結果の転載につきましては、編者名・書名・出版社名を記載の上、ご使用ください。

フリースクール全国ネットワーク『フリースクール白書2022』学びリンク

〇調査内容以外の本文の引用につきましては、学びリンクまでお問い合わせください。

※本書の一部あるいは全部を無断転載、複製複写(コピー)、デジタルデータ化、放送、データ配信などすることは、法律で認められた場合を除き、著作権の侵害となります。

誤植・訂正等について

〇本文の内容に誤り等があった場合は、学びリンク公式サイトにて「正誤表」を掲載いたしますので、ご参照ください。

▶ https://manabilink.co.jp/publication/01/
学びリンク公式ホームページ
「トップ画面」→「出版」→「既刊」→「単行本」→「フリースクール白書2022」

取材について

〇本書および「フリースクール全国調査」に関する取材につきましては、フリースクール全国ネットワーク、または、学びリンクまでお問い合わせください。

内容に関するご質問

〇本書の内容に関するご質問につきましては、フリースクール全国ネットワークまでお問合せください。

※ご回答については、数日あるいは長期間お待ちいただくことがあります。あらかじめご了承ください。

※ご質問内容によってはお答えできないことがあります。あらかじめご了承ください。

フリースクール全国ネットワーク

お問合せ先
info@freeschoolnetwork.jp
ホームページ
https://freeschoolnetwork.jp

学びリンク株式会社

お問合せ先
info@stepup-school.net
ホームページ
https://manabilink.co.jp

特定非営利活動法人
フリースクール全国ネットワーク

2001年2月設立。子どもの最善の利益と、学び・育つ権利を保障するために活動する全国のフリースクール・フリースペース・ホームエデュケーション家庭のネットワーク等が連携し活動。子どもたち一人ひとりが、大人と同じ一人の人間として、人権を守られ、尊厳ある存在としてあつかわれる社会、誰もが自分らしく生きられる社会を目指す。

(加盟80団体／2023年3月現在)

【フリースクール全国調査 実行委員】

加瀬 進

東京学芸大学社会科学講座教授
東京学芸大学こどもの学び困難支援センター長

2021年(令和3年)4月に開設された＜こどもの学び困難支援センター＞を基軸に3つの実践研究～「貧困／こども食堂(沖縄県名護市)」、「虐待／サードプレイス(大阪市住之江区他)」、「不登校／もくせい教室(東京学芸大学内、東京都小金井市)」～を推進、統括している。

江川 和弥

寺子屋方丈舎 理事長
フリースクール全国ネットワーク 代表理事

1999年に寺子屋方丈舎を設立。不登校の居場所づくりをはじめる。子どもの学び、「認知と教育」に興味を持ち、実践している。2021年～「不登校に関する調査研究協力者会議」委員(文部科学省)。

小林 建太
学びリンク株式会社 編集部 編集長

「多様な学び」を提供する出版社として、通信制高校やサポート校、高等専修学校、フリースクール、高卒認定試験等の情報発信をするほか、不登校や発達障害、家族支援に関する書籍を発行。全国で通信制高校やフリースクールを対象とした進学イベント「合同相談会」を開催している。

朝倉 景樹
TDU・雫穿大学 代表

教育、エスノグラフィー、社会構築主義などの分野の社会学的研究を、不登校、ひきこもり、オルタナティブ・デモクラティック教育、当事者研究、フリースクール、ホームエデュケーションなどを対象としている。フリースクール、オルタナティブ大学で実践をしながら研究を続けている。

村山 大樹
帝京平成大学 講師
NPO法人eboard理事

専門は子ども学、教育方法（ICT活用）。自身の５年間の不登校経験から教育の道を志す。現在は大学教員として次世代の教員・保育者養成に力を注ぎながら、NPO法人eboard理事として、不登校など学びの機会が届きにくい子どもたちへの支援を自身のライフワークとして継続している。

前北 海
フリースクール全国ネットワーク
元フリースクール全国ネットワーク事務局長

元不登校経験者。不登校の経験を活かし千葉県内に仲間たちとフリースクールを２軒立ち上げる。その後フリースクールを退職しフリースクールの立ち上げ支援、伴走支援を通し全国の小さな居場所の支援を行っている。

フリースクール白書2022

想像ではなく「数字」で見る

2023年9月25日　初版　第1刷発行

編　者　　特定非営利活動法人 フリースクール全国ネットワーク

発行人　　山口 教雄

発行所　　学びリンク株式会社

〒102-0076　東京都千代田区五番町10　JBTV五番町ビル2階
電話03-5226-5256　FAX 03-5226-5257
ホームページ　https://manabilink.co.jp
ポータルサイト　https://stepup-school.net

印刷・製本　株式会社 シナノ パブリッシング プレス

表　紙　　長谷川 晴香（学びリンク）
本文デザイン　長谷川 晴香・山下 蓮佳（学びリンク）

©Free School Zenkoku Network 2023.Printed in Japan
ISBN 978-4-908555-67-1
（不許複製禁転載）
乱丁、落丁本はお手数をおかけしますが、小社宛にお送りください。
送料小社負担にてお取り替え致します。
定価はカバーに表示してあります。